어린이를 위한
성취

성공을  준비하는 힘

어린이를 위한
성취

글 진서윤 그림 이경희

위즈덤하우스

추천의 글

성취감을 느껴 본 아이가
인생에서 **성공**합니다!

　모든 일에는 적절한 시기가 있습니다. 저희 부부는 《평생 성적, 초등 4학년에 결정된다》라는 책에서 초등학교 시절에는 성취감을 느끼는 것이 중요하다고 강조해 왔습니다. 어떤 부모든지 자신의 아이가 인생에서 성공하기를 바랍니다. 물론 공부를 잘하는 것이 인생의 성공을 보장하지는 않습니다. 다만 공부를 잘하면 선택의 폭이 넓어지기 때문에 자기가 잘하고 좋아하는 길로 찾아가게 되고, 성공에 좀더 쉽게 도달하게 됩니다.
　왜 그럴까요? 공부를 잘하는 아이들은 성취감을 알고 있기 때문입니다. 무언가를 자신이 이루었다는 뿌듯함이야 말로 열정을 불러일으키는 원천입니다. 작은 일이라도 스스로가 계획하고 이루어 냈다는 자신감을 어린 시절에 맛본 사람과 그렇지 않은 사람은 인생을 사는 자세가 다를 수밖에 없는 것이지요.

《어린이를 위한 성취》에는 이러한 모습이 잘 나타나 있습니다. 성취감을 느낀 아이와 그렇지 못하고 매일 숙제와 공부에 허덕이는 아이의 모습이 잘 표현되어 있습니다. 스스로가 공부의 주인이 되지 못하고 공부의 노예가 된다면 초등학교에서부터 고등학교, 길게는 평생을 얼마나 힘들게 살게 될까요?

아이들에게 무조건 공부를 하라고 학원에 보내고 옆에서 지켜보면서 하나하나 체크를 하는 것이 능사는 아닙니다. 아이가 받아들일 수 있는 그릇이 준비되어 있지 않거나 그릇이 깨어져 있다면, 아무리 잘 가르치는 교사라 할지라도 지식의 전달을 제대로 할 수가 없을 것입니다.

인스턴트식품들이 워낙 많이 쏟아지다 보니 어느 새인가 음식을 만드는 방법마저 하나둘 잊어버리는 것처럼, 아이들 역시 떠먹여주는 공부에 익숙해지면 스스로 공부할 줄 모르게 됩니다. 스스로 하는 아이와 시켜야 겨우 하는 아이는 그야말로 하늘과 땅만큼의 차이를 보입니다. 《어린이를 위한 성취》를 통해 스스로 성취감을 맛보아서 할 수 있다는 자신감을 찾을 수 있기를 고대합니다.

한국학습저력개발원 김강일, 김명옥

차 례

추천의 글 성취감을 느껴 본 아이가
인생에서 성공합니다!_4

작가의 글 인생의 나무에서
성취의 열매를 맺어 보세요_174

PART 1
우주소녀,
대마왕 잡초와 싸우다

우주소녀와 잡초_10
지금부터 준비_42

PART 2
우주소녀,
우선순위 아이스크림을 맛보다

성취를 위해 달려라 _ 74
날지 못하는 키위새 _ 99

PART 3
우주소녀,
별을 쏘아 올리다

성취를 위한 미션 여행 _ 127
별자리 캠프에서 만난 스피카님 _ 153

우주소녀, 대마왕 잡초와 싸우다

삐익! 여러분의 성취를 위한 호루라기가 울렸습니다. 그런데 힘차게 앞으로
달려 나가야 할 발길에 들쭉날쭉한 잡초들이 자꾸 채이기만 하네요.
잡초를 뽑아내지 않으면 우리의 꿈과 목표는 실패하게 되지요.
유주는 우주비행사가 되기를 바랍니다. 하지만 숙제를 미루고 학교 준비물을
잊거나 만화책, TV를 많이 보며 늦게 자고 늦게 일어나는 계획 없는 생활을
하지요. 유주는 자신의 생활 속에서 뽑아 내야할 대마왕 잡초를 발견하게 됩니다.

나의 생활은 어떤가요?
나의 성취를 위해 뽑아 내야할 잡초에는 어떤 것들이 있는지 생각해 보세요.

성공을 준비하는 힘_**성취**

우주소녀와 잡초

유주는 영월의 스피카님이 말한 잡초에 대해 생각했다.
갑자기 잡초에 둘러싸인 자신의 모습이 떠올랐다.

"5, 4, 3, 2, 1, 0, 발사!"

유주는 두 주먹을 힘껏 쥐었다. 우주선 로켓은 붉은 기둥의 불을 뿜어내더니 하늘로 치솟기 시작했다. TV 속의 사람들은 환호성을 울리며 하늘을 향해 손을 흔들었다.

펑! 펑! 피우우우 펑!

유주는 순간 고개를 돌려 베란다 창밖을 쳐다보았다. 꽃분홍색의 불꽃이 커다란 동그라미를 그리며 하늘의 반쪽을 물들이고 있었다.

어린이를 위한 **성취**

"와! 불꽃놀이야!"

유주는 얼른 베란다 창문을 열고 뛰어나갔다. 동생 연주도 어느새 언니 유주 곁에 서서 불꽃놀이를 구경하고 있었다.

"저 초록색 불꽃 좀 봐! 정말 예쁘다!"

유주는 호들갑을 떨며 감탄사를 연발했다.

"언니, 나도 불꽃놀이 하고 싶어."

"저건 우주선 로켓 발사를 축하하는 불꽃놀이야. 오늘 최초로 한국인이 우주선에 탔거든."

"그래? 나도 우주선 타고 싶다."

연주의 부러움 섞인 말투에 유주는 괜히 으쓱대며 말했다.

"넌 자동차만 타도 토하잖아. 멀미하면 우주선도 탈 수 없어."

"치, 그때는 밥을 안 먹어서 그랬던 거야."

연주는 샐쭉 토라지며 말했다.

"두고 봐. 나도 커서 우주 비행사가 될 거니까."

유주가 말했다.

"나도."

연주도 언니 유주를 따라 다짐했다.

"그래? 그럼 우린 최초의 자매 우주 비행사가 되겠네?"

유주는 동생 연주의 얼굴을 보며 생긋 웃었다. 유주의 마음은 한껏 들떠있었다. 이미 우주 비행사가 된 것처럼 유주의 가슴은 쿵쿵쿵 뛰기 시작했다. 오늘처럼 하늘 너머 우주의 세계가 마음 깊숙이 다가온 적은 없었다. 유주는 마지막 불꽃이 나비의 날개를 그리며 점점이 사라질 때까지 하늘을 쳐다보고 있었다.

"유주야!"

엄마가 부르는 소리에 유주는 베란다 창을 닫고 들어왔다.

"숙제는 다 했니?"

엄마는 유주를 보자 물었다. 그러나 유주는 엄마가 묻는 말에 아랑곳 않고 엄마 손에 들린 과일 화채만 보며 싱글벙글했다.

"야호! 과일 화채다!"

유주는 잽싸게 화채를 받아 방으로 조심조심 걸어갔다. 엄마가 등 뒤에서 다시 물었다.

"숙제는?"

"화채 먹고 할게요."

"내일 준비물은 미리 챙겼니? 아침마다 수선 피우는 것도 이젠 그만해야지."

"알았어요. 화채 먹고 다 할게요."

엄마는 그래도 못 미더운지 다시 한번 확인을 단단히 했다.

"대답만 하지 말고. 숙제 끝나면 꼭 내일 수업 준비물도 확인

어린이를 위한 성취

해라. 알았지?"

"네. 걱정 마세요."

유주는 가만히 방문을 닫고 책상 앞에 앉았다. 그리고 가방을 열어 친구 윤희가 빌려준 만화책을 꺼냈다. 모두 5권이다. 유주는 곰곰이 생각했다. 숙제도 있고 하니 2권만 읽을까? 아니면 내일 한꺼번에 5권을 볼까?

"그래. 화채 먹는 동안만 보면 되는데 뭘."

유주는 배를 깔고 엎드려 만화책을 펼쳤다. 그리고 사각사각 시원한 과일 화채를 한 입에 넣었다. 유주에겐 세상에서 가장 행복한 시간처럼 느껴졌다.

'공부할 때도 이런 기분이면 얼마나 좋을까?'

유주는 내심 숙제가 걱정되었지만 다시 만화 책장을 넘기기에 바빴다. 한참 만화책을 보고 있는데 연주가 들어왔다.

"영월 할아버지 전화 왔어. 언니 바꾸래."

"그래?"

영월 할아버지라는 말에 유주는 벌떡 일어나 거실로 뛰어갔다.

"할아버지!"

유주는 어느새 할아버지의 품에 안긴 듯 마음이 포근해졌다. 오랜만에 듣는 할아버지의 목소리는 여전히 새털구름처럼 따뜻

했다. 그러나 수화기 속에서 가끔씩 들리는 할아버지의 칼칼한 기침 소리는 유주의 마음을 콕콕 찔렀다.

"어디 아프세요? 감기에요?"

유주는 침을 꼴깍 삼키며 물었다. 다행히 아무것도 아니라고 하셨다. 그냥 목이 간질거려 그랬다는 말에 유주는 마음을 가라앉혔다. 할아버지는 우주선 발사를 보았냐고 물으셨다.

"그럼요. 아까 봤어요. 불꽃놀이도 있었고요."

할아버지도 텔레비전으로 우주 로켓 발사 장면을 보셨나 보다.

"네. 저도 별 보러 가고 싶어요. 하지만 토요일에도 학원 가거든요."

할아버지는 영월에 있는 천문대 얘기를 꺼내셨다. 유주가 5살

때 한 번 가고 그 후론 단 한 번도 못 간 영월의 별마로천문대 말이다. 안타깝게도 유주는 5살 때 본 천문대를 조금도 기억할 수 없었다. 그래서 할아버지나 엄마, 아빠가 천문대 이야기를 꺼내면 유주는 꿈을 꾸는 듯 했다.

"네. 할아버지도 건강하셔야 해요. 안녕히 주무세요."

유주는 수화기를 무겁게 내려놓으며 말했다.

"할아버지랑 통화 끝났니?"

엄마는 빈 화채 그릇을 치우며 물었다.

"네. 그런데요, 엄마……."

"왜 무슨 일이라도 있는 거니?"

"목소리 들으니까 할아버지가 보고 싶어서요."

"그래. 언제든 한 번 가 봐야 할 텐데……."

엄마는 잠시 생각에 잠긴 듯 했다. 유주는 꼭 하고 싶은 말이 있었지만 입을 꾹 다물었다. 그리고 방으로 들어와서야 나지막한 소리로 말했다.

"토요일에 학원 빠지고 가면 되는데……."

한참을 만화책에 빠져있던 유주는 시계를 보고 그만 깜짝 놀라고 말았다.

"뭐야? 벌써?"

유주는 부랴부랴 가방을 열어 공책을 꺼냈다. 과제물을 확인하고 가장 빨리 끝낼 수 있는 것부터 시작하기로 했다.

엄마와 약속한 취침 시간이 30여분 정도 남을 즈음이었다. 유주가 다음 과제물을 하기 위해 컴퓨터의 인터넷 브라우저를 여는데, 갑자기 '퍽' 소리가 나며 방안의 전기불이 꺼져 버렸다. 순간, 방안은 컴컴한 상자에 갇힌 것처럼 어두워졌다. 멀리서 동생 연주가 엄마를 부르는 소리가 들려왔다.

"엄마!"

유주도 덜컥 겁이 나 엄마를 불렀다. 곧 엄마가 유주의 방으로 들어왔다. 연주는 엄마의 한쪽 다리를 붙들고 금방이라도 울 듯

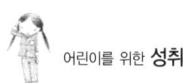
어린이를 위한 성취

아랫입술을 씰룩거렸다.

"유주야. 정전인 것 같아."

"정전이요?"

유주는 당황하여 되물었다.

"어, 안 되는데. 숙제해야 하는데."

"아직 숙제 다 못 끝냈니?"

엄마는 기가 막힌다는 듯 유주를 쳐다봤다.

"하나는 다 끝냈는데 나머지 다른 거 시작하려고……."

유주는 차마 만화책을 읽었다는 이야기를 할 수 없어 대충 얼버무렸다.

"양초부터 찾아야겠다. 연주 좀 잘 보고 있어"

엄마는 더듬더듬 벽을 짚으면서 거실로 나갔다.

"깜깜하니까 무서워. 언니."

동생 연주는 잔뜩 겁에 질려 유주 앞으로 바짝 다가왔다.

"괜찮아. 원래 우주는 깜깜한데 뭐."

유주는 그럴듯한 말로 연주에게 말했다.

"그럼 오늘 우주선에 탄 사람들도 무섭겠다. 그치?"

동생 연주는 눈을 동그랗게 뜨고 물었다.

"반짝반짝 빛나는 별이 있어서 무섭진 않을 거야."

빛과 그림자

유주는 어느새 할아버지가 하시던 말씀을 그대로 따라 하고 있었다.

예전에 시골 영월 할아버지네 통나무 정자에서 밤하늘의 별을 바라보며 할아버지가 하신 말씀이 있었다.

"시골의 밤은 무섭지 않단다. 저렇게 반짝이는 별이 많은데 뭐가 무섭겠니."

할아버지의 그 말은 오늘밤 따라 더욱 다정하게 유주의 가슴속으로 메아리쳤다.

방문 틈으로 불빛이 보였다. 곧 거인처럼 커다란 엄마의 그림자가 유주의 방안으로 불쑥 들어왔다. 엄마는 양초 한 개를 가져왔다.

"아이쿠. 깜짝이야."

그림자에 놀란 연주가 유주의 등 뒤로 숨었다.

"에이, 겁쟁이."

유주가 연주를 놀리며 말했다.

"양초가 별로 없네. 우선 이거라도 켜고 있어라."

엄마는 그릇 위로 촛농을 몇 번 떨어뜨리고 조심스럽게 양초를 천천히 고정시킨 후 손을 떼었다. 유주는 의자에 앉아 한숨을 푸욱 내쉬었다.

"그러니까 숙제 미루지 말고 미리 해 놓지 그랬어."

엄마의 이 한마디에는 유주만큼이나 속상함이 묻어 나왔다. 그러나 유주는 그런 엄마의 마음을 모르는 채 어둠 속에서 눈만 부라리는 고양이처럼 촛불을 쏘아 보며 말했다.

"정전될지 몰랐어요."

유주의 뾰족한 말대답에 엄마는 방문을 열다말고 유주에게 말했다.

"그래. 알았음 그러지 않았겠지. 그래서 미리 준비하는 마음가짐이 중요한 거야."

유주는 더 이상 할 말이 없었다. 누가 뭐래도 맞는 말이기 때문이었다. 유주는 양초 옆에서 시커멓게 변한 컴퓨터 모니터만 쳐다볼 뿐 이었다. 그러자 슬며시 겁이 났다. 이상하게도 까만 모니터가 귀신처럼 무섭게 보이는 게 아닌가. 유주는 등골이 오싹했다.

'바보같이 왜 이래!'

유주는 얼른 무서운 생각을 떨쳐버리려고 머리를 마구 흔들었다. 그리고 컴퓨터 없이 숙제할 방법을 생각하기 시작했다. 공책을 펴고 연필을 들자 공책 아래로 그림자가 생겼다. 그림자는 유주의 숙제를 방해라도 하듯 유주가 쓴 글자를 덮어버렸다.

"이런, 그림자 때문에 글자가 잘 보이지 않네."

유주는 수업 시간에 배운 '빛과 그림자'의 원리를 떠올리며 양초의 위치를 이리저리 옮겨보았다. 그렇지만 양초 한 개의 밝기에는 한계가 있었다. 양초를 가까이 두면 그림자가 생겨 곤란하고 양초를 멀리 두면 그림자가 생기지 않는 대신 어두워서 글씨를 쓰기에는 더욱 힘들었다. 유주는 새삼 전기가 얼마나 편리한 것인지 알게 되었다.

"엄마!"

결국 유주는 다시 한 번 엄마를 부르고 말았다.

"촛불 그림자 때문에 글씨가 더 안 보여요. 전기 들어올 때까지 기다리는 편이 낫겠어요."

"엄마가 항상 집에 오면 숙제부터 하라고 했잖아. 알아서 해."

엄마는 더 화가 난 것 같았다. 유주는 촛불을 끄고 잠깐 잠을 자두기로 했다. 아주 잠깐만 말이다. 전기가 들어오면 깨어나 숙제 해야지……. 만약 못 일어나더라도 엄마가 깨어주실 거야. 하아암.

'잠깐만 잘 거야. 아주 잠깐만'.

유주는 속삭이듯 중얼거리며 눈을 감았다. 컹컹컹. 멀리서 개 짓는 소리가 아득히 들려왔다.

"유주야. 일어나야지."
"……."
"유주야. 일어나라고. 언제까지 자고 있을 거야?"
"으……."
"안 일어나면 간지럼 태운다."
"……, 알았……어요."

유주는 간신히 눈을 떠보았다. 방 안은 밝고 눈부셨다.
'불이 들어왔네. 휴우.'

유주는 안도의 한숨을 내쉬었다.

"얼른 일어나 씻어라. 학교 늦겠다."

유주는 갑자기 온몸에 찬물을 끼얹은 듯 했다.

"어? 뭐야?"

유주는 눈을 동그랗게 뜨고 방 안을 살펴보았다. 창문 커튼 사이로 아침 햇살이 쏟아지고 있었다.

"아아아악! 안 돼!"

유주는 얼굴을 감싸쥐며 소리쳤다.

"엄마! 왜 안 깨웠어요?"

"무슨 말이야?"

"난 엄마만 믿고 어제 그냥 잤단 말이에요. 숙제 못 했잖아요!"

"세상에, 엄마한테 부탁하지도 않았잖아. 엄마는 네가 숙제 다 끝내고 자는 줄 알았잖니."

유주는 거의 울상이 되어 자리에서 일어나지도 못했다.

"지금 이러고 있을 시간 없어. 얼른 일어나 학교 갈 준비나 해."

엄마는 유주의 등을 다독이며 말했다.

"난 왜 이렇게 재수가 없을까?"

유주는 투덜거리며 자리에서 일어났다.

 어린이를 위한 **성취**

"유주야. 그건 재수가 없는 게 아니야. 미리 준비하지 않은 당연한 결과야."

엄마의 단호한 말에 유주는 머리만 긁적이며 방을 나갔다.

교실 안은 어젯밤 정전 이야기로 시끌벅적했다.
"우리 집에는 양초도 없었어."
희주가 말했다.
"정전되니까 정말 할 수 있는 게 하나도 없더라."
찬희도 한마디 거들었다.
"그럼 너도 숙제 못 했겠네?"
유주가 물었다.
"하하. 미리 해 놨지. 내가 누구냐."
"웬일로 숙제를 다 했니. 너답지 않게 말이야."
유주는 그만 약이 올라 톡 쏘며 말했다.
"무슨 소리 하는 거야. 난 항상 미리미리 해 놓는다고."
찬희가 질세라 다시 대꾸했다.

그때였다. 문이 열리며 담임선생님이 교실로 들어오자, 반 아이들은 조용히 자기 자리를 찾아 앉았다. 담임선생님은 어제 저녁에 방송되었던 우주선 로켓 발사 소식을 전하며 학교에서 준비하는 특별한 축제를 소개했다.

"우리 학교는 한 달 동안 '우주 상상 학교'라는 주제를 갖고 축제를 갖습니다. 우주 시대를 주제로 상상화 전시회, 글짓기 대회, 음악회, 우주 탐험 전시회, 별자리 캠프 등 여러분의 적극적인 참여를 기다리는 행사가 많이 있어요. 그리고 반 전체가 참여하는 자유 형식의 발표회도 있지요. 발표회에 관한 과제는 다음 주 학급회의 시간에 토론해서 결정할 거예요. 좋은 생각이 떠오르면 메모해 두었다가 회의 시간에 발표하세요. 오늘 나누어 주는 행사 안내문을 잘 읽고 여러분이 참여하고 싶은 행사에 동그라미 표를 한 후 다음 주까지 제출하면 됩니다."

"와아!"

아이들은 모두 눈을 반짝이며 즐거운 함성을 질렀다.

곧이어 담임선생님은 행사 안내문을 나눠주었다. 유주는 별자리 캠프에 관한 안내문부터 읽어 내려갔다. 부모와 함께 참여하는 별자리 캠프란다. 그런데 더욱 놀라운 것이 있었다.

"영월 별마로천문대다!"

유주는 가슴이 뛰었다. 할아버지가 계시는 영월! 그것도 어릴 때 가봤다던 꿈만 같은 별마로천문대를 간다니 말이다.

'그래! 바로 이거야! 할아버지도 만나고 천문대 가서 별도 보

는 거야!'

그러나 유주는 행사 날짜를 보고 그만 눈앞이 캄캄해졌다.

"12월 5일 금요일부터 토요일까지? 어쩌지. 금요일, 토요일에는 학원 가는데……."

그랬다. 아마 이 세상에서 유주의 엄마가 가장 싫어하는 것은 '학원에 빠지는 것'일 테니까. 비싼 학원비를 생각하면 유주도 아무렇지 않게 학원에 빠질 수는 없었다. 게다가 지금까지 학원에는 악착같이 단 한 번도 빠진 적이 없었기 때문이다.

유주는 다시 고민에 빠졌다. 그럼 다른 걸 해 볼까? 아이, 별자리 캠프에 꼭 가고 싶은데! 유주는 한숨만 푹푹 내쉬며 행사 안내문을 가방에 쑤셔 넣었다.

집에 돌아온 유주는 가방을 내려놓고 바닥에 풀썩 주저앉았다. 학원에 가려면 아직 한 시간이나 남았는데 유주의 오늘 하루는 벌써 다 끝난 것 같았다.

"휴우. 어제 못한 숙제도 해야 하는데."

유주는 남은 한 시간을 다시 숙제와 씨름해야 했다. 어제 끝내지 못한 숙제는 오늘 새로 받은 숙제와 합쳐져서 더욱 유주를 괴롭혔다.

유주는 얼른 컴퓨터를 켰다. 인터넷 브라우저를 열자 검색 페이지가 나왔다. 유주는 잠시 망설이다 검색창에 '별마로천문대'를 입력했다. 숙제가 걱정되긴 했지만 도무지 궁금해서 견딜 수가 없었기 때문이었다.

'이것만 검색하고 바로 숙제하는 거야. 딱 5분만!'

유주는 스스로 다짐했다.

곧 별마로천문대의 홈페이지 주소가 보였다. 그 바로 밑에는 '꼬마천문대 까페'에 대한 소개도 보였다. 유주는 별마로천문대의 홈페이지 주소를 클릭했다.

모래시계 아이콘이 나타났다가 사라지더니 곧 별마로천문대가 모니터 앞에 펼쳐졌다. 별마로천문대를 포근하게 감싸고 있는 밤하늘 그리고 그 사이로 미끄러지며 떨어지는 무수히 많은

별똥별이 보였다.

"야! 여기 정말 멋지다!"

여기저기 기웃거리며 구경하는 동안 유주는 별마로천문대의 매력에 푹 빠져버렸다.

"꼭 가고 싶어. 아니, 꼭 가고 말테야!"

유주는 단단히 다짐을 했다. 쉽지 않겠지만 엄마의 허락만 받는다면 별자리 캠프에 갈 수 있을 거라고 생각했다. 영월의 할아버지도 만날 수 있겠지! 상상만 해도 즐거웠다.

"이왕이면 꼬마천문대 까페에도 들어가 볼까?"

유주는 조금 전에 봐 두었던 꼬마천문대 까페를 클릭했다.

잠시 후 소혹성 위에 작은 천문대가 놓인 그림이 보였다. 그리고 그 천문대에서 얼굴을 빠끔히 내밀고 망원경으로 별을 바라보는 수염 달린 아저씨 그림이 보였다.

소박하고 친근감이 느껴지는 까페의 분위기는 유주의 마음에 쏙 들었다. 더욱 재미있는 것은 아저씨의 환영 인삿말이었다. 아저씨는 말풍선을 띄우며 유주에게 다음과 같이 말하고 있었다.

"꼬마천문대를 방문해 주셔서 감사합니다. 그냥 한번 둘러보고 가셔도 좋지만 별을 보며 꿈꾸고 싶은 분은 꼬마천문대에서 당신만의 별을 만들어 보세요."

"나만의 별?"

유주의 가슴이 뛰기 시작했다. '나만의 별 만들기'라고 쓰인 문구가 노란별 아이콘과 함께 깜박거렸다. 유주는 거대한 중력에 이끌리는 것처럼 아이콘을 클릭했다. 화면이 바뀌자 유주에게 몇 가지 질문이 주어졌다.

'지구별에서 부르는 당신의 이름은 무엇입니까?'

"강유주"

'지구별에 도착한 해와 월과 일을 적으세요.'

"××××년 8월 20일"

'당신이 꿈꾸는 것은 무엇입니까? 없다면 꿈을 찾아 다시 오세요.'

"?"

유주는 잠시 망설였다.

"내 꿈이 뭘까? 아이참, 뭐로 하지?"

유주는 마치 음식 메뉴를 고르는 것처럼 한참을 고민했다.

"아, 그렇지. 우주 비행사가 되고 싶잖아!"

유주는 '우주소녀'로 아이디를 만든 뒤 확인 단추를 눌렀다. 그러자 하프 소리가 흐르며 밤하늘이 펼쳐졌다. 이윽고 화면 가운

데를 중심으로 반짝이는 별이 나타났다. 그리고 천천히 그 별 주 위에서부터 사방으로 한 차례씩 돌아가며 갖가지 영롱한 빛깔의 별들이 빛을 내었다. 이제 막 태어난 유주의 별은 가장 중앙에서 아름답게 빛나고 있었다.

"우와, 정말 황홀한 느낌이야. 진짜 내가 별이 된 것 같아."

그때였다. 유주 앞으로 노란별 쪽지가 보였다.

'우주소녀님께 쪽지가 왔습니다.'

유주는 설레는 마음으로 별 쪽지를 클릭했다.

'우주소녀님을 환영합니다. 꼬마천문대에서 우주소녀님의 멋진 꿈을 키워 보세요. 언제라도 궁금한 것이 있으면 메신저 스타를 이용하세요. 다른 별 친구들이 도와줄 거예요.'

"메신저 스타라고?"

유주가 화면 윗부분에서 메신저 스타를 발견했을 때였다.

"유주야! 집에 왔니?"

엄마의 목소리였다.

"네! 엄마!"

유주는 힐끗 시계를 보았다. 시계의 큰바늘은 훌쩍 한 시간을 넘어가고 있었다.

"큰일났다. 벌써 시간이 이렇게 됐어?"

숙제는커녕 한 시간을 넘게 꼬박 컴퓨터 앞에 앉아 있었다니! 유주는 쫓기듯 가방을 메고 방을 나왔다.

"여태 학원 안 가고 있었던 거니?"

엄마의 한 마디에 유주는 움찔하며 말했다.

"엄마, 식탁 위에 학교 행사 안내장 있으니까 먼저 보세요. 저 학원 갔다 올게요."

유주는 엄마가 또 뭐라고 하기 전에 현관문을 열고 나갔다.

"학원에 늦지 말라고 했잖아!"

닫힌 현관문 안에서 엄마의 고함 소리가 들려왔다.

그날, 저녁 7시.

유주는 콧노래를 부르며 집으로 돌아왔다. 학교에서 엉망이 된 기분은 어디론가 도망을 간 듯 했다. 그 대신 유주가 꼬마천문대 까페에서 만든 별이 자꾸만 머릿속에 아른거렸다.

저녁 식사 시간이 되자, 유주는 엄마에게 말을 꺼냈다.

"엄마. 안내장 읽어 보셨어요?"

"우주 체험 학교 그거 말이니?"

"우주 상상 학교에요. 엄마."

"그래, 어쨌든. 넌 뭘 하고 싶은데?"

어린이를 위한 성취

"별자리 캠프요! 꼭 가고 싶어요. 엄마."

"그래라 그럼. 그런데 엄마도 그렇고 아빠도 시간이 날지 모르겠네. 아빠는 출장을 자주 가고 엄마도 회사에서 휴가 내기가 어렵잖니. 혼자서 갈 수 있겠어?"

엄마의 대답은 뜻밖이었다.

"그러니까 가도 된다는 말이죠? 야호! 학원 빠져도 괜찮은 거죠?"

"그게 무슨 소리야? 학원에 빠지다니?"

유주는 갑자기 기운이 빠지는 것 같았다.

"12월 5일부터 6일까지잖아요. 금요일부터 토요일까지 1박 2일 별자리 캠프니까요."

"그랬니?"

엄마는 다시 한 번 안내장을 펴고 확인하기 시작했다.

"그렇구나. 어쩔 수 없네. 별자리 캠프 말고 다른 거 해 보지 그래?"

"엄마. 학원 딱 한 번만 빠지고 가면 안 돼요? 별자리 캠프에 꼭 가고 싶어요."

"유주야. 다른 선택도 할 수 있잖아. 학원도 빠지지 않고 행사에 참여할 수 있는 다른 방법도 있는데 왜 굳이 손해 보는 쪽을

택하는 거지?"

"손해 안 봐요. 별자리 캠프에 가면 영월에 계신 할아버지도 볼 수 있잖아요. 네?"

"할아버지?"

엄마는 한동안 아무 말도 없었다. 유주는 시무룩한 얼굴로 밥숟갈만 뜰 뿐이었다.

유주가 식탁에서 일어날 때쯤이었다. 엄마는 다시 말을 했다.

"할아버지가 보고 싶은 거라면 아빠랑 상의해서 언제 한 번 다녀오자구나."

"괜찮아요. 그냥 다른 거 할게요."

유주는 마음에도 없는 말을 하고 방으로 들어왔다. 그리고 바닥에 벌러덩 누워 멀거니 천장을 바라보았다. 차라리 또 정전이나 됐으면 좋겠다는 생각이 들었다. 애써 잊으려 해도 유주의 기분은 좀처럼 나아지지 않았다.

'엄마는 나보다 돈이 더 소중한가 봐.'

그럴 거라고 생각하니 갑자기 눈물이 핑 돌았다.

'엄마는 왜 내 마음을 모르는 걸까? 언제쯤 내 마음대로 할 수 있을까? 내 마음을 이해하는 사람은 아무도 없나 봐. 정말 이럴

땐 누군가 내 말을 좀 들어주면 좋겠어.'

그때, 문득 유주에게 생각나는 것이 있었다. 유주는 벌떡 일어나 컴퓨터 앞에 앉아 전원을 켰다. 그리고 꼬마천문대 까페를 찾았다. 학원 가기 전에 만들었던 유주의 별이 다시 보고 싶어졌다.

유주는 로그인을 하고 '내 별 찾기'를 눌렀다. 화면이 바뀌고 까만 밤하늘이 펼쳐졌다. 무수히 많은 별 가운데 유난히 반짝이는 유주의 별이 다시 나타났다.

'안녕. 또 만났네.'

유주는 안도의 숨을 내쉬었다. 혹시라도 별이 없어졌을까 봐

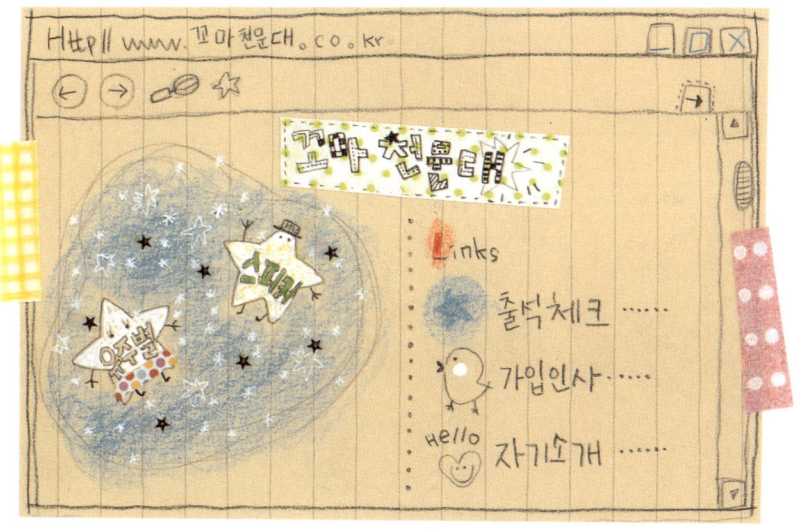

걱정이 되었기 때문이다. 유주는 마우스를 천천히 이동하며 다른 별에도 마우스 화살표를 갖다 댔다. 그럴 때마다 다른 별들 위로 그 별의 주인 아이디가 함께 보였다. 그러다가 유주는 우연히 '영월의 스피카'라는 아이디를 발견했다.

"앗! 영월이라고? 뭐하는 사람일까? 어쩌면 별마로천문대를 아는 사람일지도 몰라."

유주의 마우스 화살표는 영월의 스피카에 멈추었다. 그러다가 마우스 클릭을 잘못한 바람에 엉뚱한 대화창을 띄우고 말았다.

'메신저 스타입니다. 현재 영월의 스피카님은 로그인 상태입니다.'

"메신저 스타? 바로 이거구나!"

유주는 머뭇거리다 용기를 내어 영월의 스피카님에게 말을 걸어보기로 했다.

- 우주소녀　똑똑! 계십니까?
- 우주소녀　안 계시나요?
- 우주소녀　ㅠㅠ
- 우주소녀　?
- 우주소녀　-.- 안 계시면 그냥 갑니다.

어린이를 위한 **성취**

이상했다. 아무리 기다려도 영월의 스피카님으로부터 아무런 응답이 없었다. 유주는 마지막으로 한 번만 더 말을 걸어 보기로 했다.

😛 **우주소녀**   바쁘신가 봐요. 다음에 뵙겠습니다. -.-

😎 **스 피 카**   아이쿠, 깜짝 놀랐습니다. 모르는 분이 말을 걸어서요. 하여튼 반갑습니다. ^^ 그런데 우주소녀님은 누구시지요?

😛 **우주소녀**   전 초등학교 5학년인데요. 오늘 처음 여기서 제 별을 만들었어요.

😎 **스 피 카**   축하합니다. 갓 태어난 아기별님이시군요. *^^*

😛 **우주소녀**   진짜 제 별을 보는 거 같아서 기분이 좋아요. 신비하구요.

😎 **스 피 카**   그래요. 저도 늘 제 별을 볼 때마다 그렇답니다. 그런데 어떻게 제 별을 찾았지요?

😛 **우주소녀**   별자리 캠프 때문에 기분 상해서 여기 왔다가 우연히 발견했어요. 별마로천문대에 가고 싶은데 못 가게 되었거든요. ㅜㅜ

😎 **스 피 카**   저런. 무척 속상하겠어요.

우주소녀 학원 빠지면 안 된다고 엄마가 별자리 캠프도 가지 말래요. ㅜㅠ

스 피 카 그랬군요. 실은 저도 오늘 많이 애 먹었지요. 비가 오는 바람에 깜빡 잊고 며칠 쉬었더니 콩밭을 잡초가 몽땅 차지해 버렸지 뭐예요. 그 잡초들 없애느라고 하루 꼬박 잡초와 씨름했답니다. 게으름 피우다가 더 고생만 했지요.

우주소녀 저도 게으르다고 엄마한테 매일 혼나요. 실은 어제도 숙제 미루고 만화책부터 읽다가 정전됐어요.

스 피 카 그날그날 부지런히 잡초를 뽑아주면 당황할 일이 없지요. 내일로 미루고 게으름 피우는 게 꼭 잡초 같은 거지요. 우주소녀님도 열심히 잡초와 싸워야겠어요.

우주소녀 잡초가 너무 많아서 엄두가 안 나요. ㅜㅠ

스 피 카 포기하지 말고 지금부터 시작해 봐요. 매일같이 노력하다보면 서서히 좋아지게 된답니다. 언제든 힘들거나 어려운 일 생기면 말해요. 알았지요?

우주소녀 고맙습니다. 아까까지만 해도 다 귀찮고 화도 났는데 기분이 좀 좋아졌어요.

스 피 카 잘 지내요. 안녕.

어린이를 위한 **성취**

유주는 메신저 창을 닫았다. 잠깐 꿈을 꾼 것처럼 기분이 묘했다. 생각해 보니 인터넷에서 낯선 사람과 이야기를 나눈 것은 이번이 처음이었다. 스피카님은 영월 할아버지처럼 다정하고 마음씨 좋은 어떤 아저씨가 아닐까 하는 느낌이 들었다.

유주는 얼굴도 모르는 이 특별한 별 친구에게 마음이 끌리기 시작했다. 무엇보다도 아무한테나 말할 수 없는 비밀 이야기나 걱정거리들을 털어놓을 수 있는 상대가 생겨서 그것만으로도 유주는 즐거웠다.

유주는 영월의 스피카님이 말한 잡초에 대해 생각했다. 갑자기 잡초에 둘러싸인 자신의 모습이 떠올랐다.

"잡초라고? 잡초에 덮이는 건 싫은데."

유주는 고개를 저었다. 돌이켜 생각해 보니 항상 뒤로 미루다 시간에 쫓겨 지낸 생활을 너무나 당연히 여기고 있었다. 다음에는 그러지 말자라고 다짐해도 또다시 게으름이 반복되는 생활.

유주는 무거운 마음으로 공책을 폈다. 어제 마치지 못한 숙제부터 끝내기 위해서였다. 유주의 마음은 어느새 첫 번째 잡초와 싸우기 시작했다.

'그래. 미루면 미룰수록 더 힘만 들이게 돼.'

유주는 시계를 봤다. 저녁 9시가 넘었다. 만화책을 보고 싶지만 꾹 참기로 했다. 유주의 귓전에 스피카님의 격려 소리가 들리는 듯 했다.

'포기하지 말고 지금부터 시작해 봐요.'

성취력 향상을 위한 나쁜 잡초 뽑기

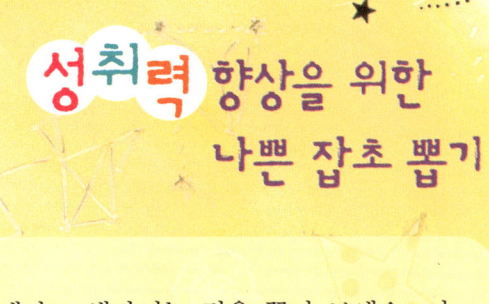

자신에게 가장 문제라고 생각되는 점을 꼽아 보세요. 이 때, 부모님과 친구들과 의논해 보면 더욱 좋겠지요?
고민스런 잡초를 어떻게 해결할 수 있을지 생각해 보세요. 그리고 구체적인 목표를 잡아서 실천 계획을 세워 봅니다.
마지막으로 잡초 뽑기 계획표를 만들어 잘 보이는 곳에 붙이고 실천하세요.

1. 숙제 할 때는 TV를 보지 않는다.
2. 늦게 자고 늦게 일어나지 않는다.
3. 컴퓨터 게임은 정해진 시간 동안만 한다.
4. 계획만 짜고 실천하지 않는 습관을 버린다.
5. 과제물이나 약속을 미루지 않는다.
6. 수업 시간에 장난치지 않는다.

성공을 준비하는 힘_성취

지금부터 준비

지금부터 그 꿈을 위해 노력해 보세요. 도전과 경험은
여러분의 꿈을 성취하는데 중요한 영양분이 될 거예요.

유주가 수업을 마치고 교실을 나서려 할 때였다.
"유주야! 잠깐만."
누군가 했더니 해미였다.
"해미구나. 무슨 일이야?"
해미는 작은 봉투를 내밀며 말했다.
"초대장이야. 이번 주 토요일이 내 생일이거든. 올 수 있지?"
"어, 그래? 알았어. 초대해 줘서 고마워."
"그럼, 나 먼저 갈게."

어린이를 위한 성취

"그래. 안녕."

엉겁결에 대답했지만 뜻밖의 초대에 놀란 유주는 고개를 갸웃거리며 초대장을 열어보았다. 해미와는 유치원을 함께 다닌 것 외에는 특별히 친하게 지낸 적이 없었다. 이런 저런 궁금증을 갖고 초대장을 훑어본 유주는 그만 깜짝 놀랐다.

"공룡들과 함께 생일잔치를?"

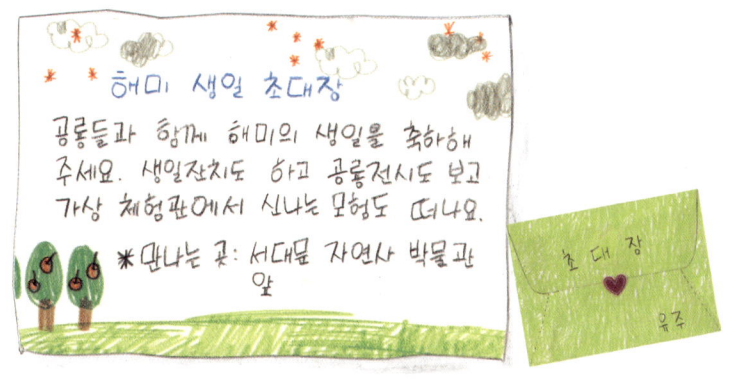

해미의 엄마가 이번에도 일을 낸 모양이었다. 어렴풋이 유치원 시절에 해미가 초대한 생일잔치가 떠올랐다.

미국에서 살다가 한국에 온 해미는 그 당시 초대받은 아이들 모두에게 미국에서 가져온 12색 색연필을 선물로 나누어 주었다. 친구 생일잔치에 가서 선물을 받은 건 그때가 처음이었다. 살짝 엉뚱한 해미 엄마가 벌이는 생일잔치는 유주에게 호기심을 잔뜩 불러 일으켰다.

"설마 이번에는 공룡 선물 세트를 나눠 주는 게 아닐까?"

유주는 키득대며 초대장을 접어 넣었다.

그 다음날. 해미의 생일잔치 소문은 삽시간에 반 아이들에게 퍼졌다. 이유는 간단했다. 반 아이들 모두가 빠짐없이 초대를 받았기 때문이었다.

아이들은 모두 해미의 생일잔치에 대한 기대로 들떠 있었다. 더구나 이번 주 토요일에는 학교 수업이 없는 날이다. 무슨 일이 있어도 생일잔치에 가려고 잔뜩 벼르는 아이가 한둘이 아니었다.

"유주야. 너도 갈 거지?"

희주가 물었다.

"응. 학원 끝나고 가면 시간이 맞아."

유주가 대답했다.

"다행이다. 난 네가 못 가는 줄 알았어."

희주도 유주의 학원 때문에 걱정했나 보다.

"우리 반 아이들 모두 가는데 나만 빠지면 되겠니."

유주가 말했다.

"아냐. 딱 한 명 있어. 걔는 못 간대."

"누구? 누가 못 간대?"

유주는 너무 궁금했다. 누가 이런 멋진 기회를 놓칠 수 있단 말인가?

"로빈. 이번 주 토요일에 중요한 일이 있대. 그래서 생일잔치에 갈 수 없다고 했대."

"뭐라고? 로빈이?"

로빈은 아빠가 뉴질랜드인이고 엄마가 한국인이다. 로빈이 처음 학교에 왔을 때 아이들은 푸른 눈에 뽀얀 피부, 분홍빛 뺨과 까만 곱슬머리를 가진 로빈을 신기해했다. 더욱 놀라운 것은 한국말을 아주 잘 한다는 사실이었다.

뿐만 아니라 로빈은 학교 안에서 여자 아이들의 인기를 독차지할 정도로 아주 잘생겼다. 유주도 예외가 아니었다. 그러나 마음속으로 로빈을 좋아할 뿐 쉽게 말을 걸거나 하지는 못했다.

로빈이 해미의 생일잔치에 안 간다는 소식은 반 여자 아이들에게 커다란 실망을 안겨 주었다. 반면, 일부 남자 아이들에게는 큰 기쁨이 되었다.

"무엇 때문에 생일잔치를 포기하는 거지? 정말 이해 안 돼."

유주가 말했다.

"그건 나도 모르겠어. 아무튼 로빈이 빠진다고 해서 해미도 무척 실망했더라."

"해미가 제일 좋아하는 로빈인데 당연하겠지."

유주는 슬쩍 샘이 났다.

"근데, 너도 로빈 좋아하지?"

난데없는 질문에 유주의 얼굴은 그만 발갛게 변했다.

"뭐라고? 내가 언제? 난 아니야."

"에이. 다른 애들이 그러던데. 네가 진짜 좋아하는 애가 로빈이래. 맞니?"

희주는 곁눈질로 유주의 표정을 살피며 말했다.

"누가 그러니? 난 아니야. 아니라니까!"

유주는 벌컥 화를 내고 말았다.

"아님 말구. 그럼 난 이만 갈게. 안녕!"

희주는 도망치듯 후다닥 뛰어갔다.

학교에서 돌아온 유주는 여전히 화가 가시지 않았다. 속마음을 들킨 것 같아 더욱 기분이 언짢았다. 유주는 가방을 멘 채 냉장고 문을 열어 오렌지 주스를 꺼내 마셨다. 상쾌한 오렌지 주스 때문인지 기분이 조금 나아졌다.

'로빈도 갈 수 있으면 참 좋을 텐데……'

유주는 로빈의 마음이 변하여 해미의 생일잔치에 갈 수 있기를 바랐다.

며칠이 지나고 드디어 해미의 생일이 되었다.

유주는 학원이 끝나자마자 서대문 자연사 박물관 앞의 식당으로 향했다. 아마도 유주가 가장 마지막으로 도착한 것 같았다. 유주는 숨을 헐떡거리며 식탁 끝에 비워 놓은 의자에 앉았다. 해미의 엄마는 유주를 보자 기다렸다는 듯이 아이들을 향해 입을 열었다.

"자, 여러분. 그럼 지금부터 해미의 생일잔치를 시작하겠어요. 자, 박수!"

아이들은 해미 엄마가 시키는 대로 열심히 박수를 쳤다.

"호호호! 오늘, 해미의 생일을 축하해 주러 온 여러분 모두에게 특별히 기억에 남는 시간이 되기를 바랍니다. 식사가 끝나면 모두 전시관을 둘러본 후 가상 체험관으로 갈 겁니다. 모든 프로그램이 끝나면 기념품을 나눠 줄 거예요. 알았지요?"

해미 엄마는 텔레비전에 나오는 아나운서처럼 또박또박 말했다. 아이들은 눈을 반짝이며 해미 엄마를 향해 큰 소리로 대답했다.

"네!"

유주는 혹시나 하는 마음으로 아이들 틈에서 로빈을 찾아봤지만 보이지 않았다.

'정말 안 왔네.'

유주는 로빈이 빠진 생일잔치가 어쩐지 시시하게 느껴졌다. 그런데 딱 한 가지 시시하지 않은 일이 벌어졌다.

해미 엄마가 생일 케이크를 들고 등장할 무렵이었다. 열 두개의 촛불이 황금 물결처럼 찰랑이며 나타나자 아이들의 시선은 온통 케이크로 쏠렸다.

"우와! 공룡 케이크다!"

누군가 외쳤다. 그 한 마디로 나머지 아이들은 해미 엄마가 들고 오는 괴상한 케이크가 바로 공룡으로 장식한 케이크라는 사실을 알아차렸다. 이름도 알 수 없는 공룡 열 두마리가 알록달록한 색깔로 케이크를 에워싼 모습이었다.

아이들은 모두 입이 딱 벌어졌다. 그리고 저마다 '저 공룡들 중의 한 개는 내꺼야'하는 표정으로 숨을 죽인 채 케이크의 화려한 이동을 보고 있었다. 해미 엄마는 조심스럽게 해미를 향해 다가가고 있었다. 그런데 그 때였다.

"조심하세요!"

또 누군가 외쳤다. 그와 동시에 해미 엄마는 발이 무엇에 걸린 듯 몸이 앞으로 기울어졌다. 공룡 케이크도 앞뒤로 크게 휘청거렸다.

"꺄악!"

해미 엄마의 비명에 맞춰 열 두마리의 공룡들은 공중으로 뛰어올랐다가 바닥에 튕겨 사방으로 흩어졌다.

"와! 공룡들이 떨어졌다!"

아이들은 기다렸다는 듯이 앞으로 우르르 뛰어나갔다. 이내 생일잔치는 공룡찾기 대회로 바뀌었다. 해미 엄마는 신발에 걸린 마이크 줄을 간신히 떼어낸 후에야 아이들을 진정시킬 수 있었다. 그러나 이미 공룡을 손에 넣은 아이들은 이내 다른 아이들에 둘러싸여 자랑하기 바빴다.

어린이를 위한 **성취**

　해미 엄마는 공룡이 빠지고 찌그러진 케이크에 다시 촛불을 켰다. 아이들은 있는 힘을 다해 생일 축하 노래를 불렀다. 아쉽게도 케이크는 먹을 수 없게 되었지만 돈까스와 바비큐는 정말 맛있었다.

　식사가 끝나자 해미 엄마는 아이들을 모아놓고 다음 순서를 안내했다.

　"지금부터는 자연사 박물관의 공룡 전시관을 둘러볼 거예요. 특별히 여러분을 위해 전시에 관한 설명을 맡은 도슨트를 소개

할게요. 도슨트란 박물관의 전시물에 대해 상세히 전문 지식을 전달해 주는 직업을 말한답니다. 바로 이 분이 여러분을 안내할 도슨트세요."

"와아!"

아이들은 박수를 치며 힘껏 환영하였다. 유주는 엄마와 함께 박물관에 왔을 때 대강 안내문을 읽는 둥 마는 둥 하며 관람을 끝내곤 했던 예전의 기억이 생각났다. 그런데 박물관 도슨트의 안내를 받으며 전시물을 본다니 왠지 더욱 흥미로울 것 같았다.

"이 거대한 공룡은 아크로칸토사우루스랍니다. 저기 목뼈부터 여기 꼬리뼈까지 잘 보세요. 정말 어마어마한 길이지요? 이 공룡은 대형 육식 공룡인 카르노사우루스 종류에 속하는데요. 거대한 두개골에 잘 발달된 앞발을 갖고 있어요. 여러분이 잘 아는 티라노사우루스와 맞먹는 크기랍니다."

유주와 아이들은 어느새 도슨트가 들려주는 공룡 이야기에 푹 빠져 있었다. 그런데, 아이들이 도슨트를 따라 스테고사우루스 공룡 앞으로 이동할 때였다.

"로빈이다!"

누군가 외치는 소리에 아이들은 일제히 고개를 돌렸다.

"진짜 로빈이네?"

정말 그랬다. 분명히 로빈이었다. 반 아이들과 마주친 로빈은 머쓱한 표정으로 아이들에게 손을 살짝 흔들어 주었다. 로빈의 뒤로는 한 무리의 외국인들이 있었다. 로빈은 곧 외국인들에게 영어로 전시를 안내하기 시작했다.

"쟤 뭐하는 거야?"

찬희가 물었다.

"보면 모르겠니? 도슨트 같은데 뭘."

유주가 얼른 대답했다.

"오! 대단한데?"

"로빈, 멋지다!"

아이들은 로빈을 향해 엄지를 치켜 올렸다.

"그럼 로빈이 못 온다는 이유가 저것 때문이었나?"

희주가 다시 물었다. 그때 도슨트가 말했다.

"이곳 자연사 박물관에서는 어린이 도슨트를 선발한답니다. 아까 본 그 학생은 한국말도 잘 하지만 영어를 사용하는 외국인들을 위한 도슨트로서 열심히 활동하고 있어요. 여러분도 특별한 꿈을 갖고 있다면 지금부터 그 꿈을 위해 노력해 보세요. 도전과 경험은 여러분의 꿈을 성취하는데 중요한 영양분이 될 거예요. 자! 그럼 이번엔 박치기 공룡이라 부르는 파키케팔로사우루스를 볼까요?"

"네!"

한 시간 쯤 지나서야 공룡전시물 관람을 마친 아이들은 마지막 순서인 가상 체험관으로 이동하였다. 아이들은 네 명씩 짝을 지어 가상 체험관 내부로 들어갔다. 유주는 순서가 돌아올 때까지 한참 기다려야 했다. 유주가 잠시 틈을 타 화장실에 들러 돌아오던 길이었다. 유주는 마침 전시관에서 나오던 로빈과 마주쳤다.

"어. 또 만났네."

로빈이 먼저 말했다.

"어, 그러네."

유주는 어색해서 어쩔 줄 몰랐다.

"생일잔치 재미있니?"

"응. 그런데, 네가 여기서 어린이 도슨트로 활동하는 줄 아무도 몰랐어."

"사실 생일잔치에도 가고 싶었지만 오늘 도슨트 활동 때문에 갈 수 없었어."

"그랬구나. 그런데 왜 어린이 도슨트를 하는 거야?"

"내 꿈은 전세계 자연사 박물관을 탐방하는 거야. 그런 다음 틈틈이 한국의 생물들에 대한 책도 쓰고 싶고. 그래서 지금부터 조금씩 준비하면서 성취해 가는 거지."

"지금부터 준비한다고?"

유주는 '지금부터 준비'라는 말에 적잖이 놀랐다. 아직 초등학생인 나이에 미래의 무엇을 준비한다는 것은 너무 어른스러워 보였기 때문이었다.

"정말 재미있어. 내겐 가장 소중한 시간인걸. 그래서 생일잔치와도 바꾸지 않았지. 아마 너도 아주 소중한 것이 생기면 다른 것과 바꾸지 않을 거야."

로빈의 생각은 훌쩍 키가 큰 나무 같았다. 유주는 좀 더 로빈과

이야기하고 싶었지만 그때, 멀리서 유주의 이름을 부르는 소리가 들려왔다.

"가 봐야겠다. 친구들이 기다려서."

"그래. 그럼 잘 가!"

유주는 억지로 발걸음을 옮겨 가상 체험관으로 달려갔다. 입체 안경을 쓰고 화면을 보자 화면 속 물체들이 튀어나오는 것처럼 유주의 마음에는 어디에선가 '성취'라는 단어가 튀어나와 콕 박혀 있는 느낌이었다.

생일잔치가 끝나고 유주는 집으로 들어왔다.

"엄마. 다녀왔어요."

"그래. 학원 끝나고 생일잔치에 간 거니?"

"네."

"그런데 그건 뭐니?"

"해미 엄마가 준 기념품이에요."

유주는 엄마가 보는 앞에서 기념품의 포장을 뜯어보았다. 공룡 모형이 찍힌 여덟 개의 색연필 세트였다.

"우와! 해미 엄마는 정말 색연필 좋아하나 봐요."

유주는 그만 까르르 웃음을 터뜨렸다.

한참을 웃고 나니 유주는 문득 스피카님이 생각났다. 그리고

한동안 못 봤던 우주소녀의 별도 보고 싶어졌다. 우주소녀의 별은 여전히 반짝거리고 있을까? 유주는 어느새 우주소녀가 되어 스타 메신저에 로그온하였다. 오늘 꼭 묻고 싶은 말이 유주의 손끝에서 별처럼 쏟아질 것 같았다.

우주소녀 스피카님, 안녕하세요? 오늘 저는 자연사 박물관에서 같은 반 친구를 만났어요. 그런데 그 애가 어린이 도슨트라는 거 있죠. 정말 놀랐어요.

스 피 카 그 친구 멋지네요. 박물관을 무척 좋아하나 봐요.

우주소녀 네. 그래서 오늘 생일잔치에도 초대받았는데 도슨트 활동 시간이랑 겹쳐서 생일잔치를 포기했을 정도에요. 자기한테는 가장 소중한 시간이래나? 꿈을 위해 지금부터 준비하는 거래요.

스 피 카 이 세상에는 두 종류의 사람이 있어요. 그게 뭔지 아세요?

우주소녀 글쎄요. 착한 사람과 나쁜 사람이요?

스 피 카 꿈만 꾸는 사람과 꿈을 성취하는 사람이지요. ^^ 꿈만 꾸는 것은 아무 것도 안 하는 것과 같아요. 꿈을 이루고자 준비하고 실천할 때 진짜 꿈을 가진 사람이라고 할 수 있지요.

우주소녀 아…… 그렇군요. ^^

스 피 카 '성취'란 단순히 어떤 목표나 꿈을 이루는 것 이상의 의미가 있답니다. 스스로를 이기고 '새로운 나'를 얻는 것이지요. 스스로를 이기려면 특별한 원칙이 필요해요. 그게 바로 '우선순위' 이지요.

우주소녀 우선순위요? 그게 뭐예요?

스 피 카 가장 중요하고 소중한 것부터 순서를 정해두는 거예요. 아이스크림콘을 생각해 볼까요? 우주소녀님은 아이스크림을 먼저 먹나요? 아님 아이스크림 밑에 있는 과자부터 먼저 먹나요?

우주소녀 그야 당연히 아이스크림부터 먹지요.

스 피 카 맞아요. 과자부터 먹으면 아이스크림은 금방 녹아버려 먹을 수가 없게 되지요. 그러니까 아이스크림은 우선순위로 봤을 때 가장 중요한 것이라고 생각하면 어떨까요? 과자는 아이스크림보다 중요하지 않거나 덜 중요한 것으로 생각하고요.

우주소녀 아! 알겠어요. 그런데 갑자기 아이스크림이 먹고 싶어져요. ^^;

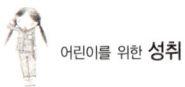
어린이를 위한 **성취**

😊 스 피 카 　어휴, 정말 못 말리겠네. ㅎㅎ

😜 우주소녀 　아이스크림을 진짜 먹어 봐야 더 잘 알 것 같아요. ^^ 나중에 다시 연락할게요.

　유주는 메신저의 대화창을 닫고 나서도 잠시 동안 골똘히 생각하고 있었다.

　'내게 우선순위는 어떤 것일까? 맞아! 지금 내게 우선순위는 진짜 아이스크림을 먹는 거야. 히히.'

　유주는 쪼르르 냉장고로 달려가 냉동실 문을 열었다. 그런데 냉동 칸에는 단 한 개의 아이스크림도 보이지 않았다.

　"강연주! 네가 여기 있는 아이스크림 다 먹었지?"

　유주는 소리를 빽 질렀다.

　그때였다. 현관문이 열리며 아빠의 목소리가 들려왔다.

　"아빠 왔다."

　순간 유주는 한걸음에 뛰어나갔다. 곧이어 동생 연주도 따라 나왔다.

　"아빠! 안녕히 다녀오셨어요?"

　"그래. 너희도 잘 지냈니?"

　일주일 만에 보는 아빠의 얼굴이었다. 오늘도 아빠의 오른쪽

양복 호주머니는 불룩해 보였다. 아빠는 두 딸을 위해 비행기에서 주는 땅콩과 비스킷을 먹지 않고 항상 가져왔다.

아빠는 먼저 호주머니에서 땅콩과 비스킷을 꺼내 유주와 연주의 손에 가득 쥐어 주었다.

"야호. 내가 좋아하는 땅콩이다."

동생 연주는 팔짝팔짝 뛰며 좋아했다.

"아빠. 근데 제 선물은요? 잊지 않았지요?"

유주는 아까부터 아빠의 호주머니보다 커다란 비닐 가방에 눈독을 들이고 있었다.

"그럼. 그런데 유주는 아빠보다 선물이 더 좋은가보네?"

"아이참, 아빠는……. 그런 건 아니에요."

순간 유주는 머쓱해져 어쩔 줄 몰랐다.

"허허허. 선물 안 사왔으면 큰일 날 뻔했구나. 여기 가방 안에 다 있다."

"야호!"

유주는 연주와 함께 아빠가 건네 준 비닐 가방을 열었다.

"아, 내 토끼 인형이야!"

연주가 잽싸게 토끼 인형을 집었다. 아마도 토끼 인형을 갖고 싶다고 아빠와 통화를 한 모양이었다. 유주는 예쁘게 포장된 상자를 들어 아빠에게 물었다.

"아빠, 이게 제 선물이에요?"

"응. 맞아. 그거."

유주는 잔뜩 기대에 부풀어 포장을 뜯었다.

"이게 뭐예요?"

유주에게는 처음 보는 신기한 물건이었다.

"자! 봐라. 여보. 잠깐만 불 좀 꺼 줄래요?"

불이 꺼지자, 아빠는 작은 단추를 누르면서 마치 어린아이처럼 들떠 외쳤다.

"짜잔!"

순식간에 거실 천장은 수많은 별빛으로 반짝였다. 아빠가 다시 어떤 단추를 누르자, 이번에는 천장의 별들이 천천히 회전하기 시작했다.

"와! 정말 근사하다!"

유주는 흥분을 감추지 못하고 별이 움직이는 쪽으로 따라갔다.

"이게 말이다. 이렇게 누워서 보면 열 두가지 별자리를 다 볼 수 있단다. 황도 십이궁이라고 들어 봤지?"

아빠는 곧장 바닥에 누워 보이기까지 했다.

"정말 멋져요. 아빠!"

유주도 아빠와 나란히 누워 천장을 바라보았다.

"그래. 별자리 캠프에는 못 가도 이렇게 집에서 별 보는 느낌은 비슷할 거야. 안 그래?"

"네에?"

유주는 그만 벌떡 일어나 앉았다.

"엄마가 아빠한테 이거 사오라고 했구나. 맞죠?"

유주는 엄마를 향해 입술을 삐죽거렸다.

"네가 꼭 가고 싶어 하니까 그랬지. 그런데 이게 별자리 캠프보다 더 환상적이란다. 네가 몰라서 그래."

엄마도 얼른 거실 바닥에 누워 거실 천장에 가득한 인공 별자리를 보며 탄성을 질렀다.

"정말 너무해요. 전 정말 별자리 캠프에 가고 싶었단 말이에요. 제 꿈이 뭔지도 모르시면서……."

유주는 눈물이 나올 것 같아 얼른 방으로 들어가 버렸다.

선물을 사온 아빠에게 미안했지만 별자리 캠프를 포기하게 하려고 선물을 사오라고 한 엄마에게 더욱 서운했다. 뿐만 아니라 한동안 잊고 지냈던 별자리 캠프가 생각나는 바람에 유주는 또 다시 속이 상했다.

'학원에 가는 것도 중요하지만 별자리 캠프도 가고 싶어. 이럴 땐 어떻게 해야 하는 거지? 나도 로빈처럼 내 미래를 위한 결정을 내릴 수 있다면 얼마나 좋을까? 스피카님이라면 내게 무슨 얘기를 하실까?'

유주는 다시 스피카님을 만나고 싶었지만 조금 망설여졌다.

'어쩌면 내가 우주 비행사가 되는 꿈은 너무 터무니없는 꿈일지도 몰라.'

이런 생각마저 들자 유주는 기운이 쭉 빠졌다.

"유주야."

그때, 문이 열리며 아빠가 들어왔다. 방 안에서 보는 아빠의 얼굴은 전보다 더 검게 그을려 보였다. 그리고 더 많이 늙어 보였다. 괜스레 아빠에 대한 미안함이 밀려왔다.

"잠깐 할 얘기가 있어서 그래. 괜찮지?"

"그러세요. 아빠."

아빠는 유주에게 다가와 나란히 침대에 걸터앉아 말을 꺼냈다.

"아빠가 그동안 사업한다고 너무 혼자 바빴었나 봐. 유주가 학교에서 어떻게 지내는지 통 신경도 못 썼어. 그래서 생각해 봤는데, 그 별자리 캠프에 우리 가족이 다 함께 갈 수 있는 비밀 작전을 짜면 어떨까?"

"정말이세요?"

유주는 믿을 수 없어 다시 물었다.

"암. 정말이지."

"엄마는요? 학원 빠지는 거 뭐라고 할 텐데……."

어린이를 위한 성취

"엄마한테는 유주가 하기 나름이야. 우리 유주가 열심히 노력하는 모습을 보여주면 엄마의 마음도 바뀔 거야. 물론 아빠한테 멋진 작전이 있으니까 유주 맡은 것만 열심히 해 줘. 알았지?"

아빠가 말하는 '멋진 작전'이라면…….

유주는 예전에 아빠가 항상 엄마와 무슨 일이 있을 때마다 말하던 멋진 작전이라는 말에 조금 실망을 했다. 아쉽게도 그 멋진 작전은 번번이 실패했기 때문이었다.

"엄마한테 그런 작전이 효과 있을까요?"

유주는 여전히 못 믿겠다는 투로 말했다.

"아빠를 믿어봐. 실은 유주가 아까 네 꿈에 대해 아무도 모른다고 했을 때 엄마가 깜짝 놀란 모양이더라. 아빠도 가슴이 철렁했거든. 유주의 꿈이 뭔지도 모르면서 최선을 다한다고 생각해 왔던 게 실수였어."

"아까 그 말은 죄송해요. 아빠."

"괜찮아. 많이 속상했을 테니까."

아빠는 유주의 손을 잡고 한동안 아무 말도 없었다. 유주는 그런 모습의 아빠가 걱정스러워 조심스럽게 아빠의 표정을 살폈다. 그러자 유주의 마음을 알아챘는지 아빠는 미소를 지으며 말했다.

"자, 걱정할 것 없어. 다 잘 될 거니까. 그럼. 오늘 우리 비밀 얘기는 여기까지다. 잘 자라."

아빠는 유주의 등을 토닥거리고는 문을 열고 나가셨다. 그러다가 다시 문이 열리더니,

"아참. 나중에라도 유주의 꿈이 무엇인지 꼭 말해 줘야 한다. 알았지?"

하며 아빠는 주름진 눈을 찡긋해 보였다.

"네. 아빠."

유주는 다시 기운이 되살아난 듯 씩씩한 목소리로 대답했다.

"그래! 아빠랑 같이 해 보는 거야!"

아빠의 작전이 성공할 지 알 수는 없지만 유주는 이번에도 아빠와 힘을 합치기로 했다. 적어도 혼자 하는 것보다는 아빠가 지원해 주는 편이 훨씬 나을 거라는 생각이 들었기 때문이었다.

유주는 책상 서랍을 열어 우주 상상 학교 안내장을 꺼냈다. 그리고 안내장 뒷면에 있는 프로그램 신청서에 별자리 캠프 항목을 찾아 자신 있게 동그라미를 그렸다. 유주는 스스로에게 다짐했다.

'꿈을 위해 지금부터 준비하는 거야. 그리고 엄마에게 점점 나아지는 모습을 보여드리자. 아빠 말대로 엄마도 결국에는 허락할지도 몰라.'

유주는 한층 밝아진 기분으로 스타 메신저를 띄워 스피카님을 불렀다.

우주소녀　희망이 보여요. 아빠랑 별자리 캠프에 온 가족이 함께 가는 작전을 짰답니다. ^^

스 피 카　왜! 다행이네요. 엄마의 허락을 얻기 위한 합동 작전인가요?

우주소녀　헤헤. 엄마를 감동시키는 작전이지요.

😎 스 피 카   와! 잘 됐으면 좋겠어요.

😜 우주소녀   그래서 말인데요. 아까 말해 주신 우선순위 아이스 크림을 생각해 봤어요. 저도 제 꿈을 위해 우선순위를 정하려고요.

😎 스 피 카   그런데 우주소녀님의 꿈은 무엇이지요?

😜 우주소녀   꿈이 자주 바뀌었었는데요. 지금은 우주 비행사에요.

😎 스 피 카   좋아요. 그렇다면 우주 비행사는 어떤 사람이 되는 것 같나요?

😜 우주소녀   건강하고 우주 실험을 잘 해야 할 것 같아요. 신문에서 보니까 우주 비행사에게 내주는 숙제가 엄청 많더라고요. 또, 영어도 진짜 잘해야 해요.

😎 스 피 카   그럼 지금부터 준비할 수 있는 것부터 말해 보세요. 생각나는 대로.

😜 우주소녀   운동하기, 잘 먹기, ^^ 학교 성적 올리기, 영어 공부하기.

😎 스 피 카   이젠 좀 더 구체적으로 방법을 생각해 보세요. 운동은 어떤 운동을 할 것인지, 학교 성적은 어떻게 올릴 것인지, 영어 공부는 어떻게 할 것인지 말이에요.

😜 우주소녀   이제까지 우주 비행사가 되고 싶다는 꿈만 생각했

어린이를 위한 **성취**

지, 우주 비행사가 되려면 어떤 준비를 할지에 대해서는 생각하지도 않았어요.

🙂 **스 피 카** 지금부터 우주소녀님도 우선순위에 따라 생활해 봐요. 또 기억하세요. 우선순위는 그때그때 기분에 따라 바뀌는 게 아니라는걸요.

😜 **우주소녀** 네. 그리고 절대 양보할 수 없는 거지요. ^^

유주는 하얀 도화지를 펼쳤다. 그리고 커다란 삼층짜리 아이스크림콘을 그렸다.

"내 꿈은 우주 비행사야. 그러니까 이 세 가지 아이스크림에는 운동, 학교 공부, 영어 실력을 우선순위로 두자. 아래에 있는 과자는 만화책과 컴퓨터 게임이라고 할까?"

그리고 보니 유주의 주특기는 만화책 빨리 보기와 컴퓨터 게임 오래 하기인데 우선순위에 밀려 찬밥 신세가 된 셈이었다. 유주에게는 가혹한 선택이었지만 우선순위에 따라 준비하지 않으면 안 된다는 것을 잘 알고 있었다.

유주는 해미 엄마가 선물한 공룡 8색 색연필을 꺼내 아이스크림콘을 정성스럽게 색칠하기 시작했다. 그리고 빨간 색연필을 꺼내 아이스크림 위로 탐스러운 체리를 그려 넣었다.

"이 체리는 내 가족이라고 생각할거야. 가족도 소중하니까."

유주는 우선순위 아이스크림콘을 완성하여 벽에 붙였다. 달콤한 유주의 꿈이 담긴 아이스크림이었다. 유주는 언제라도 이 우선순위를 기억하리라 다짐했다.

성취력 향상을 위한 우선순위 만들기

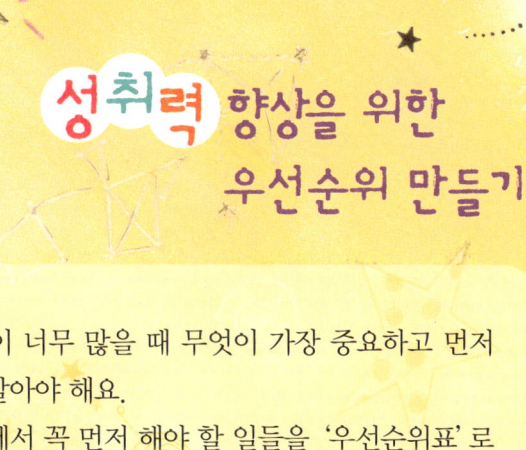

해야 할 일들이 너무 많을 때 무엇이 가장 중요하고 먼저 해야 할지를 알아야 해요.

매일 생활 속에서 꼭 먼저 해야 할 일들을 '우선순위표'로 만들어 보세요. 무엇이 가장 중요하고, 덜 중요한지 한 눈에 알 수 있을 거예요. 우선순위표를 보면서 가장 먼저 해야 할 중요한 일이 무엇인지를 생각하면서 하루를 시작해 보세요.

1. 학교에서 돌아오면 숙제를 가장 먼저 한다.
2. 다음날 수업 준비물을 확인한다.
3. 조금씩이라도 매일 좋은 책을 읽는다.
4. 일기 쓰는 습관을 기른다.
5. 특기나 재능 계발을 위한 연습 시간을 갖는다.
6. 우선순위표를 만들어 항상 확인한다.

우주소녀, 우선순위 아이스크림을 맛보다

꿈을 성취하도록 도와주는 달콤한 비밀, 우선순위 아이스크림을 아시나요?
성취하는 사람에게는 아주 중요한 비밀이 있답니다. 바로 우선순위에 따라
생활한다는 거지요. 우선순위란 가치 있고 소중한 것의 순서에 따라
생활하는 것을 말합니다. 유주는 우선순위 아이스크림을 맛보게 되면서
꿈을 성취하는 달콤한 비밀을 알게 됩니다.

나만의 우선순위 아이스크림을 만들어 맛보세요.
마음에 품고 있는 여러 가지 색깔의 꿈과 목표를 골라 콘 위에 얹어 보세요.
노력과 열정에 따라 우선순위 아이스크림의 맛도 가지각색이지요.

성공을 준비하는 힘_성취

성취를 위해 달려라

작고 하찮은 일일지라도 마음먹은 대로 한 가지씩
실천해 나가는 것이 즐거워졌다.

　유주는 평소와 달리 일찍 눈이 떠졌다. 어젯밤에 늦게까지 만화책을 보지 않았기 때문일까. 신기하게도 벽에 붙인 우선순위 아이스크림을 볼 때마다 유주는 더 중요하고 가치 있는 것이 생각났다. 책상 위에는 오늘 수업을 위해 어젯밤에 미리 챙겨둔 가방과 준비물이 그대로 놓여 있었다. 왠지 기분이 뿌듯했다.
　"정말 기분이 묘하네. 내가 미리 가방을 싸놓고 자다니 믿을 수 없는 걸. 오늘따라 내 가방이 왜 이렇게 예쁘게 보일까. 후후."
　유주가 생긋 웃으며 말했다. 그런 후 기지개를 펴고 가뿐하게

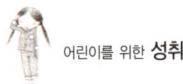

일어나 이불을 정리하기 시작했다.

　잠시 후.

　"유주야. 그만 자고 일어나야지."

　엄마가 유주를 깨우러 온 모양이었다. 문을 열고 방으로 들어온 엄마는 일찌감치 일어나 이불을 정리하고 있는 유주의 모습에 그만 입을 딱 벌린 채 서 있었다.

　"유주야! 네가, 오늘 웬일이니?"

　"오늘부터 저는 새롭게 태어난 엄마의 딸 유주가 되겠습니다. 과거의 유주는 이제 잊어 주시고요. 우리 가문의 영광이고 한국을 빛낼 대한의 딸 강유주! 지금부터 이불을 개고 정리하겠사오니 잠시 자리를 비켜주시면 감사하겠습니다!"

　유주의 능청스런 연기에 엄마는 그만 어안이 벙벙할 뿐이었다. 그러나 유주의 엄마는 크게 감동하지 않았다. 이번만큼은 유주의 엄마도 쉽게 판단하지 않으려는 듯 했다.

　"오냐. 얼마나 오래 가는 지 한번 지켜보겠어."

　엄마는 여전히 의심에 가득 찬 눈초리로 말했다.

　"아이참. 엄마가 딸을 못 믿으면 어떻게 해요. 그렇게 못 믿겠으면 앞으로 계속 지켜보세요. 그래서 만일……."

"만일?"

"제가 오늘 말한 것을 잘 지킨다면 제 소원을 들어주셔야 해요."

유주는 의기양양한 목소리로 말했다. 그러자 엄마가 물었다.

"소원이 뭔데?"

"그건 지금 말할 수 없어요. 수사의 공정성을 위해 나중에 말할 게요."

유주는 선뜻 별자리 캠프 이야기를 꺼낼 수 없었다. 지금 소원을 말하게 되면 엄마는 분명히 유주의 모든 행동을 점수를 따기 위한 일시적인 계획으로 몰아갈지도 모르기 때문이었다.

"푸하하! 수사의 공정성? 그럼 엄마는 지금부터 형사가 되는 거네? 유주의 말이 사실인지 거짓인지 수사하는 거야?"

엄마는 마치 형사 놀이하는 아이처럼 한껏 들떠 보였다.

"네. 대신 나중에 엄마 판단이 틀리면 제 소원을 들어주는 거예요."

"좋아. 그럼 한번 해 보자!"

엄마는 잠시 날카로운 여형사의 눈초리로 방안을 훑어보기 시작했다.

"이 가방은 뭐니? 네가 미리 가방을 싸놓은 거니?"

엄마는 유주의 가방을 발견하고 다시 한 번 놀란 기색이었다.

"그럼요. 그런 건 기본이지요."

유주는 당당하게 걸어 나와 가방을 쓰다듬으며 자랑했다.

"제법이네. 애는 썼다만 내일이 또 걱정이네. 어쨌든 지켜보겠어. 에휴!"

엄마는 그동안 유주의 큰소리만 땅땅 치고 실천하지 않는 모습을 수도 없이 봐왔던 터라 고개를 절래 흔들며 방을 나가셨다.

물론 유주도 충분히 짐작하고 있었다. 하루 이틀 달라진 모습으로는 엄마의 확신을 얻을 수 없다는 것을 말이다. 사흘이나 나흘, 아니, 그보다 더 많게 오랜 시간이 걸릴 지도 모를 텐데! 유주는 슬며시 걱정이 되었다.

"괜히 또 큰소리만 치고 끝나게 되면 어쩌지? 아니야. 별자리 캠프에 가려면 해내야 해."

유주는 벽에 붙은 우선순위 아이스크림을 보며 두 주먹을 꼭 쥐었다.

저녁 7시가 되자 영어 수업이 끝나는 벨이 울렸다. 아이들은 하나 둘씩 가방을 챙기기 시작했다. 그때 영어 학원의 원장 선생님이 교실로 들어왔다. 유주가 엄마 다음으로, 때로는 엄마보다 더 무서워하는 원장 선생님이었다. 항상 미소를 짓고 아이들을 환영하는 표시도 열렬히 하지만 한번 화가 나면 무서운 얼굴로 변하기 때문에 별명이 '메두사'로 통했다. 원장 선생님이 입을 열자 아이들의 떠드는 소리가 뚝 끊겼다.

"여러분, 잠시만 기다려요. 오늘 월말 평가에 따라 개근상을 준비했으니까 지금 이름 부르는 학생들은 앞으로 나와 주세요."

아이들은 다시 자리에 앉아 조용히 기다렸다.

"박근홍!"

"이성실."

"강유주. 앞으로 나오세요."

원장 선생님은 차례대로 손에 들고 있던 도서상품권을 나누어 주며 말했다.

"잘 했어. 다음 달에도 열심히 해라. 알았지?"

"……네."

유주는 내키지 않는 목소리로 겨우 대답했다. 다음 달에는 별자리 캠프가 있어서 하루 정도 빠질 것 같다고 말하려다 그만두었다.

만일 그 얘기를 꺼냈다가는 내일부터 원장 선생님의 끈질긴 공세에 시달릴지도 모를 일이었다. 더구나 가장 끔찍한 것은 원장 선생님과 엄마가 힘을 합쳐 유주의 별자리 캠프에 가는 것을 물

거품으로 만들 수도 있기 때문이었다.

유주는 원장 선생님이 더 붙잡기 전에 얼른 학원을 빠져 나왔다. 희주도 금방 유주를 따라 나섰다.

"유주, 너 진짜 끈질기다. 어떻게 한 번도 학원에 안 빠지고 다닐 수 있니?"

나란히 옆에서 걷고 있던 희주가 물었다.

"엄마 때문이지 뭐. 그런데 다음 달이 걱정이야."

"왜?"

"별자리 캠프에 꼭 가고 싶거든. 우주 비행사가 되려면 꼭 가 봐야 하는 데 말이야."

그러자, 희주가 다그치듯 물었다.

"너 이제는 우주 비행사가 되고 싶니? 하하. 언제는 뉴스 앵커 우먼이 된다고 했잖아."

유주는 그만 얼굴이 화끈 달아올랐다. 그리고 보니 지난 한 달 동안 뉴스 시간만 되면 줄기차게 TV 앞에 앉아 희주와 앵커우먼 흉내를 냈던 생각이 퍼뜩 떠올랐다.

"이번엔 제대로 할 거야. 엄마도 내가 노력하는 걸 인정하게 되면 소원을 들어주신다고 약속했어."

유주는 애써 희주의 말을 무시하려 했다.

"우주 비행사가 되는 게 얼마나 힘든 줄 아니? 지난 번 TV 다큐멘터리에서 보니까 튜브에 든 우주 식량 먹는 것도 그렇고 지구 대기권을 벗어날 때 중력 가속도에 적응하는 훈련도 무지 힘들어 보이던데. 더구나 넌 놀이공원에 있는 바이킹도 못 타잖아. 바이킹 탈 때가 중력 가속도를 느끼는 것과 비슷하다는데, 바이킹 타고 올라갔다가 내려올 때 제일 무서워하면서 어떻게 우주선을 타려고 하니? 쯧쯧."

희주는 제법 우주 비행사 훈련에 관한 다큐멘터리를 잘 기억해 냈다. 게다가 유주가 바이킹을 무서워서 못 탄다는 약점도 기억하고 있었다.

"무슨 말이야? 난 이제 바이킹 안 무서워 해. 그리고 내가 우주 비행사가 될 때쯤이면 좀 더 맛있는 우주 식량이 개발되어 있을 텐데 뭐."

유주는 이렇게 말하고도 순간 정신이 아찔했다.

'우주선 타는 것이 바이킹 타는 느낌이라니!'

유주는 희주가 말한 바이킹 이야기에 덜컥 겁이 났다. 사실 아직까지도 바이킹 타는 것은 끔찍이 싫고 앞으로도 영원히 싫어할 텐데 이 무슨 날벼락이람?

"그럼, 다음에 놀이공원 가면 꼭 바이킹 타자. 알았지?"

희주는 유주의 속마음을 아는지 모르는지 불쑥 놀이공원 바이킹 이야기를 꺼냈다.

"근데 이번에는 얼마나 갈 지 모르겠다. 넌 딱 일주일만 가잖니? 안 그래? 아참! 생각났다. 집에 있을 때 이거 한번 해 봐. 회전의자에서 빙글빙글 도는 연습 말이야. 우주멀미의자 같은 건데 이것도 우주 비행 체험이 될 거야."

유주는 희주가 말한 우주멀미의자에 또 한 번 가슴이 철렁했다. 평소에 상식이 풍부하다고 인정받는 친구이지만 아는 게 너무 많아도 탈이었다.

"재미있겠네. 알려줘서 고마워."

유주는 희주가 다시 놀이공원에 가자고 할 까봐 횡단보도의 초록색 불이 켜지자마자 서둘러 걸어가며 인사했다.

"나 먼저 갈게. 잘 가! 희주야!"

"왜 그래? 같이 가!"

희주가 유주를 향해 소리쳤다.

"미안! 급해서 그래. 내일 봐!"

유주는 뒤도 안 돌아보고 온 힘을 다해 뛰어갔다.

"엄마! 엄마!"

현관문이 열리자마자 유주는 후다닥 신발을 벗어던지고 엄마에게 달려갔다.

"뭐가 그렇게 급하니?"

요란한 유주의 등장에 엄마는 빨래를 개다 말고 유주를 쳐다보았다.

"이것 좀 보세요. 이번 달에도 학원 개근상으로 도서상품권 받았어요."

유주는 손에 든 봉투를 엄마 앞에서 흔들어댔다.

"오! 그러니? 어디 보자."

엄마는 얼른 봉투를 열어 보았다.

도서상품권에는 '개근을 축하합니다'라는 문구와 메두사 원장 선생님의 화려한 뱀 꼬리 같은 서명이 적혀 있었다.

엄마는 고개를 끄덕이며 매우 흡족해 했다. 이 한 장의 도서상품권은 곧 단 한 푼의 학원비도 새어나가지 않았음을 뜻하기 때문이었다.

유주는 문득 엄마에게 도서상품권을 선물하고 싶어졌다.

"엄마, 이걸로 보고 싶은 책 사세요. 제 선물이에요."

"정말? 에이, 유주가 받은 건데 그냥 유주가 써야지."

엄마는 다시 도서상품권을 봉투에 넣으며 말했다.

"전 괜찮아요. 모아둔 상품권도 많고요. 이번엔 엄마 쓰세요."

유주는 생글생글 웃으며 방으로 들어갔다.

"그래? 그럼 잘 쓸게. 나중에 다른 말하기 없기다. 고맙다. 유주야."

유주의 예상대로 도서상품권은 엄마를 기쁘게 만드는 작전에 딱 들어맞았다.

방에 들어온 유주는 가방을 풀자마자 다음 날 수업 준비를 확인했다. 몇 가지 준비물도 미리 챙겼다. 필통의 연필을 꺼내 한 자루씩 연필을 깎는 동안 유주는 자신의 마음도 차분하게 정돈되는 느낌이 들었다. 비록 작고 하찮은 일일지라도 마음먹은 대로 한 가지씩 실천해 나가는 것이 즐거워졌다.

"저녁 먹게 나오렴."

엄마가 방문을 열고 살짝 얼굴을 내밀었다.

"네. 알았어요."

그때, 유주가 갑자기 의자에서 일어나는 바람에 의자가 한 바퀴 뱅글 돌고 멈췄다.

"우주멀미의자! 이거구나! 어떤 건지 한번 해 볼까?"

유주는 희주가 말한 이야기가 생각났다. 바이킹까지는 아니더라도 우주멀미의자라는 것은 시험해 봐도 괜찮을 것 같았다. 유

주는 엄마가 보기 전에 재빨리 의자에 앉아 천천히 빙글빙글 돌기 시작했다.

"워, 별 것도 아니네."

"이번엔 빠르게 해 볼까! 우주선 출발!"

유주는 힘차게 의자를 돌려댔다.

"워어!"

눈앞의 물체들이 빠르게 스쳐지나갔다. 정말 우주선을 탄 것 같았다.

"으, 어지럽다. 어지러워."

갑자기 속이 메스꺼워진 유주가 의자에서 일어나려 할 때였다.

"언니, 뭐해? 밥 먹으라잖아."

동생 연주가 불쑥 방안으로 들어오며 말했다. 그런데, 유주는 중심을 잡지 못해 침대에 부딪혀 침대 위로 엎어지고 말았다.

"어! 언니! 왜 그래? 응?"

"괜찮아. 우주선을 탔더니 어지러워서 그래."

유주는 잠시 눈을 감고 혼자 킬킬 웃었다.

"우주선? 진짜? 어디 있어? 나도 타고 싶다. 응? 언니. 나도 태워 줘."

연주는 애원하며 유주에게 찰싹 달라붙었다.

"아이참. 진짜 우주선이 아니고 가짜 우주선이야. 넌 위험해서 안 돼."

유주는 딱 잘라 말했다.

"나도 가짜 우주선 탈래. 나도! 나도!"

연주는 급기야 눈물이 그렁그렁 맺혀 막 울음을 터뜨릴 듯 보였다.

"다칠까봐 그러지. 나중에 커서 학교 가면 꼭 태워 줄게. 아주 많이! 실컷 태워 줄게."

유주는 다시 동생을 달래 보았다. 그러나 여기서 물러설 동생이 아니었다. 아니나 다를까, 연주가 바닥에 누워 허우적대며 떼를 쓰기 시작했다. 그리고 고장 난 아기로봇처럼 똑같은 말만 계속 되풀이했다.

"가짜 우주선 타고 싶어! 가짜 우주선 타고 싶어!"

"아, 알았어. 그만 해. 그만. 어휴! 고집불통!"

유주는 어쩔 수 없이 동생을 일으켜 세워 의자에 앉혔다.

"잘 들어. 넌 아직 어리니까 잠깐만 타보는 거야. 알았지? 또 탄다고 떼쓰면 안 돼."

"알았어. 언니. 아주 조금만 탈게. 떼쓰지 않고."

연주는 눈물을 닦으며 고개를 끄덕였다.

"자! 그럼 출발!"

유주는 심호흡을 크게 했다. 그리고 천천히 의자를 돌리기 시작했다. 의자가 한 바퀴씩 돌 때마다 동생은 까르르대며 환호성을 질렀다.

"야호! 신난다!"

"언니! 더 빨리 돌려줘!"

"좋아! 으싸!"

그런데 동생의 요구에 유주는 자기도 모르게 의자를 너무 힘껏 돌려버리고 말았다.

"꺄악!"

동생이 비명을 꽥 지르는 순간, '빠각!' 하고 갑자기 무엇인가 부러진 듯한 소리가 나면서 동생 연주의 몸이 휘청거렸다.

"엄마야!"

성취를 위해 달려라

쿵! 하는 소리와 함께 연주는 바닥에 나뒹굴었다.

"연주야!"

유주가 황급히 동생을 부축했다.

"무슨 일이니?"

마침내 엄마가 문을 열고 들어왔다. 그리고 유주의 망가진 가짜 우주선은 느릿느릿 반 바퀴를 돌다 말고 멈추었다. 유주의 심장은 방망이질하듯 뛰기 시작했다.

"가짜 우주선이라고?"

엄마는 아직 화가 가라앉지 않았나 보다.

"안 된다고 했는데 자꾸 떼쓰잖아요."

유주는 슬쩍 연주를 흘겨보았다. 괜히 억울하다는 생각이 치밀었다.

"그래도 그렇지. 하마터면 큰일 날 뻔 했잖아. 그리고 무슨 가짜 우주선이야? 요즘 철 좀 들었나 했는데 말이야."

순간, 유주는 엄마에게 좀 더 논리적이고 과학적으로 설명을 해야겠다는 생각이 떠올랐다. 엄마 말대로 '철이 들었다'는 것을 보여줄 만한 대답을 하면 엄마도 자신을 이해해 줄 것 같았다.

"우주멀미의자 대신 회전의자에서 우주 비행 생활을 체험할

수 있다기에 시험해 본 거예요. 장난이 아니었어요."

"뭐? 우주 비행 생활?"

엄마는 잠깐 멈칫했다.

"아무튼 연주한테는 위험한 놀이였어. 갑자기 무슨 바람이 불어서 그런 건지 모르겠지만 엄마는 우리 유주가 영어 학원만이라도 열심히 다녔으면 좋겠다. 영어 한 가지만 잘 준비해도 성공할 수 있단 말이야. 나중에 크면 엄마 말이 맞았다는 걸 알게 될 거야."

엄마의 영어 예찬론이 또 시작되었다.

엄마의 꿈이 있다면 유주가 해외 영어 연수를 마치고 외국에 있는 명문 대학교에 입학하도록 영어를 잘 준비하는 것이다. 그 꿈을 이루기 위해 엄마가 회사에 나가 열심히 돈을 벌고 저축을 한다는 것을 유주는 잘 알고 있었다.

"엄마, 저도 영어 열심히 할 거예요. 그런데 제 꿈은 영어만 잘해도 안되는 걸요."

"꿈이 뭔데? 앵커우먼이잖아?"

엄마는 이해가 되지 않는 듯 물었다.

"아니요. 우주 비행사가 될 거에요."

유주는 담담하게 말했다.

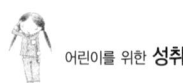

"우주 비행사? 그랬구나. 그 바람이 불었던 거구나."

"바람이 아니라 별이에요. 별이 찾아온 거예요."

유주는 알아들을 수 없는 작은 목소리로 중얼거렸다.

"뭐? 별?"

"저 내일 수업 준비하러 들어갈게요."

유주는 어깨를 축 늘어뜨린 채 방으로 들어갔다. 엄마가 말한 바람 이야기가 듣기 싫었기 때문이었다. 예전에 앵커우먼이 된다고 했을 때에도 엄마는 바람 이야기를 했었다.

잠깐 스쳐지나가는 꿈이라고, 그래서 오래 못 갈 거라고 했다. 엄마는 오직 영어만이 유주의 미래를 준비할 강력한 도구라고 믿었다. 영어 학원의 원장 선생님도 그런 엄마의 신념을 더욱 굳건히 하는 데 모든 힘을 쏟았다.

유주는 방에 들어와 한동안 모니터를 바라보았다. 유주의 마음은 전원이 꺼진 모니터처럼 어둡고 쓸쓸했다. 마침 스피카님이 가르쳐준 우선순위 아이스크림이 보였다. 유주의 마음속에서 작은 속삭임이 들리는 듯 했다.

"그래. 지금 내게 우선순위는 스피카님을 만나는 거야."

😀 **우주소녀**   스피카님. 비밀 작전이 실패로 끝날 것 같아요. ㅜㅜ

😎 스 피 카   저런! 엄마와 무슨 일이 있었나요?

😆 우주소녀   엄마에게 우주 비행사가 되고 싶다고 말했더니 별로 좋아하지 않아서요.

😎 스 피 카   엄마가 바라는 건 뭔데요?

😆 우주소녀   엄마는 제가 영어만 잘 준비하면 어디에서든 환영받는 사람이 된다고 해요.

😎 스 피 카   별자리 캠프가 별자리 영어 캠프였다면 좋았을 뻔 했네요. -.-

😆 우주소녀   그러게요. 지금까지 엄마한테 열심히 준비하겠다고 큰소리쳤다가 그만 둔 적이 많아서 엄마가 더 이상 제 말을 믿지 않는 것 같아요. ㅠㅠ 우주 비행사 꿈도 바람처럼 잠깐 왔다가 갈 거라고 그러세요. 속상해요. --;

😎 스 피 카   성취에는 오랜 끈기와 꾸준한 노력이 있어야 해요. 밤하늘의 별을 생각해 볼까요? 우리가 보는 아름다운 별은 수억 광년의 시간을 달려온 빛의 전사들이랍니다. 찬란한 빛 뒤에는 보이지 않는 시간과 땀 흘리며 자기 자신과 싸워온 노력이 담겨 있지요. 우주소녀님이 꾸준히 성실한 모습으로 준비하는 걸 엄마

　　　　　　　　가 보게 된다면 그땐 믿게 될 거예요.
- 우주소녀　저는 만화 볼 때만 끈기가 생기니……. 참 이상해요.
- 스 피 카　그래도 끈기가 아예 없는 건 아니어서 다행입니다.
- 우주소녀　^^ 그래요. 아빠도 도와주신다고 했으니 힘낼게요. 으라차차!
- 스 피 카　^^ 저도 한번 해 볼까요? 으라차차!
- 우주소녀　^^

가짜 우주선 소동이 있던 이튿날 저녁.

"참 이상하네. 집 근처라고 하더니 왜 30분이 넘도록 안 오는 거지?"

엄마는 시계를 바라보며 혼잣말로 중얼거렸다. 엄마가 막 휴대폰을 들어 전화번호를 누르려는데 때마침 현관문 열리는 소리가 들렸다.

"아빠 왔다. 애들아!"

아빠가 오는 소리에 유주와 연주가 뛰어나갔다.

"아니, 여보. 무슨 일 있었어요? 집 근처라더니……."

엄마는 아빠의 안색을 살피며 물었다.

"별 따느라 시간이 좀 걸렸어요. 하하."

"별을 따요?"

아빠의 엉뚱한 대답에 엄마의 눈은 동그랗게 커졌다.

"자! 이건 유주별이고 에…… 이건 연주별이란다."

아빠는 호주머니에서 어디서 샀는지 모를 별 목걸이를 꺼내 유주와 연주 손에 쥐어 주었다. 투명하게 푸른빛을 발하는 별 목걸이였다.

"우와! 예쁘다."

동생 연주는 아빠가 따다 준 별을 떨어뜨리기라도 할까봐 무척이나 조심스러워했다.

"어이쿠! 이런! 엄마별을 깜빡 놓고 왔네."

아빠는 다른 쪽 호주머니까지 뒤져 보이며 말했다. 정말 오늘 따라 아빠가 이상해 보였다.

"이크. 큰일이네! 여보. 당신 별 따러 다시 갔다 올게요."

아빠는 다시 현관문 쪽으로 몸을 돌렸다.

"이제 그만하고 들어와요. 애들처럼 왜 그래요."

엄마는 아빠의 양복저고리를 잡고 끌어당겼다.

"아! 그렇지! 여보. 우리 유주 학교 별자리 캠프에서 엄마별 따면 되겠네. 껄껄껄."

그 순간, 눈치 빠른 엄마는 아빠의 속셈을 알아챘다. 유주도 마찬가지였다.

"별자리 캠프요? 그러니까 그것 때문이었군요. 내 참! 기가 막혀서. 나 모르게 아빠와 딸이 한통속이었네요."

엄마는 아빠와 유주를 번갈아 쏘아보며 말했다.

"싫어요? 그럼 지금 별 따러 나갔다 올게요. 아마 두어 시간은 더 걸릴 거예요. 엄마별은 어마어마하게 높이 있어서 말입니다. 지금 여기 저기 몸도 안 좋은데……. 그래도 갔다 올 게요. 당신을 너무 사랑하니까 누구도 날 막을 수는 없어요."

결정적으로 아빠의 마지막 대사는 엄마의 웃음보를 건드렸다. 유주는 더 이상 웃음을 참을 수 없었다.

"푸핫!"

유주가 웃음을 터뜨리자 동생 연주가 불쑥 한 마디 했다.

"여보! 사랑해요!"

연주의 한 마디에 엄마도 그만 참았던 웃음을 터뜨리고야 말았다.

"알았어요. 제가 졌어요. 정말 못 말리는 부녀지간이네요. 대신 별자리 캠프에서 꼭 엄마별을 따줘야 해요. 알았죠?"

"아, 물론이지."

아빠는 살짝 유주에게 윙크를 하며 승리의 'V'자를 그렸다.

"우와! 엄마. 아빠. 정말 고맙습니다."

유주는 엄마의 허락이 믿기지 않았다. 더구나 아빠의 비밀 작

전이 이런 극적인 효과가 있을 줄은 상상도 못했던 것이다.

"유주야. 네가 어떻게 생활해나가는지 다시 한 번 믿어 보겠어. 며칠만 반짝하는 별이 아니라 계속해서 반짝반짝 빛나는 별이 되어야 해. 알았지?"

엄마는 유주의 어깨를 감싸며 부드럽게 당부했다.

"네. 오래도록 빛나는 별이 될 게요."

유주의 두 눈에서는 초롱초롱 빛이 났다.

유주는 잠들기 전에 스타 메신저 대신 스피카님 앞으로 쪽지를 보냈다.

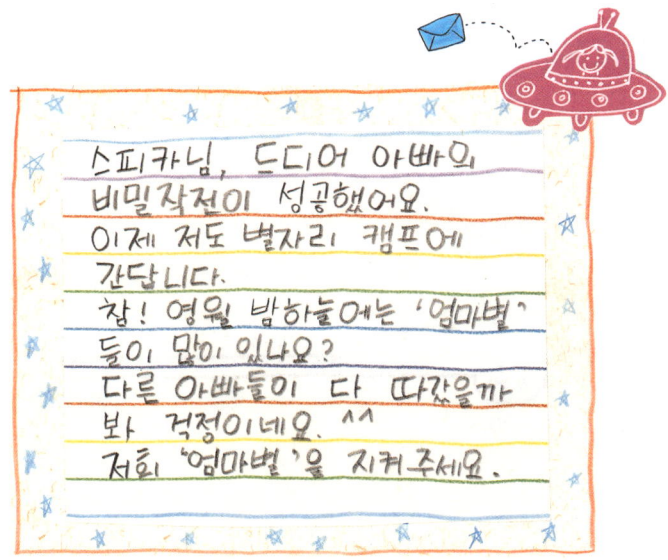

스피카님, 드디어 아빠의 비밀작전이 성공했어요. 이제 저도 별자리 캠프에 간답니다.
참! 영원 밤하늘에는 '엄마별' 들이 많이 있나요?
다른 아빠들이 다 따갔을까 봐 걱정이네요. ^^
저희 '엄마별'을 지켜주세요.

성취력 향상을 위한 끈기 키우기

아무리 계획이 좋아도 꾸준히 노력하지 않으면 아무 소용이 없어요.
앞에서 계획한 우선순위표를 다시 한 번 점검해 보세요. 어느새 나태해진 건 아닐지 반성해 보고 실천하지 못했던 목표가 너무 어려운 것은 아닌지 생각해 보세요.
작은 것이라도 하나씩 실천할 때 성취감이 무럭무럭 자라납니다.

1. 쉬운 목표를 세워 성취하는 연습을 한다.
2. 자신이 집중할 수 있는 시간을 측정하여 계획을 세운다.
3. 성취 과정을 한눈에 알 수 있도록 계획을 실행하면 표시를 한다.
4. 일주일에 한 번씩 휴식 시간을 가져서 지치지 않게 한다.
5. 오래 매달리기나 등산, 달리기 등 운동을 꾸준히 한다.
6. 계획이 미뤄지도록 방해되는 놀이나 일을 하지 않는다.

성공을 준비하는 힘_**성취**

날지 못하는 키위새

우리도 편안하게만 지내면서 아무런 노력이나 준비를
하지 않으면 결국에는 날지 못하는 키위새가 되고 말거야.

교실 문을 열었을 때, 유주는 깜짝 놀랐다. 유주보다 더 일찍 온 아이가 있었는데 바로 로빈이었다.

"어, 안녕?"

로빈은 유주를 보자 반갑게 인사했다.

"안녕. 아무도 없는 줄 알았는데, 너였구나."

유주의 뺨이 살짝 붉어졌다.

"너도 일찍 올 때가 있네. 무슨 일 있니?"

로빈은 걱정스러운 눈빛으로 유주를 보며 물었다.

'어휴. 내가 무슨 지각대장인 줄 아나?'

유주는 슬쩍 마음이 상해 아무 말 없이 가방을 내려놓았다.

"이거 좀 먹을래? 샌드위치 좋아하니?"

로빈이 샌드위치를 내밀었다.

푸릇푸릇한 양상추와 치즈, 햄과 달걀이 들어간 샌드위치였다. 아침 일찍 일어나 간단히 아침을 먹었는데도 유주는 샌드위치를 보는 순간 배가 고파졌다.

"고마워. 잘 먹을게."

유주는 금세 마음이 풀려서 맛있게 샌드위치를 먹기 시작했다.

"근데 넌 왜 이렇게 일찍 왔니?"

"보통 일주일에 두 번은 아빠랑 운동하고 학교에 오는데, 운동 없는 날은 이렇게 일찍 교실에 와서 책 읽어. 아침만큼 책 읽기에 좋은 시간이 없거든. 다들 그렇지만 학교 끝나면 할 일도 많고 바쁘잖아."

"아침에 책을 읽는다고? 휴우, 넌 역시 다른 애들과는 생각이 많이 다른 것 같아."

"글쎄……. 어쩌면 키위새 때문에 그럴 지도 몰라."

"키위새라니?"

유주는 처음 들어보는 말이었다.

어린이를 위한 성취

"뉴질랜드에 살았을 때 아빠가 자주 이야기해 줬어. '키위, 키위'하며 운다고 해서 키위새라고 부른대. 그런데 키위새는 날지 못하는 새야."

"날지 못한다고?"

"응. 날개와 꽁지가 퇴화되어 날 수가 없어. 그건 천적이 없기 때문이래. 먹이가 풍부하니까 먹잇감을 구하러 멀리 날아다닐 필요가 없어진 게지. 결국 쓰지 않는 날개와 꽁지는 쓸모없게 되어 흔적만 남았대. 불행하게도 이 키위새는 이제 멸종 위기에 처하게 되었어. 날지 못하니까 잡히기 쉬운 거지."

"그렇구나. 그런데 그 키위새가 너랑 무슨 상관인데?"

"우리도 자칫 키위새처럼 될 수 있다는 거야. 먹이가 풍족하니까 날아다닐 필요가 없어 나중에는 날개가 퇴화된 것처럼 말이야. 우리도 편안하게만 지내면서 아무런 노력이나 준비를 하지 않으면 결국에는 날지 못하는 키위새가 되고 말거야."

유주는 로빈의 이야기에 한 방 얻어맞은 느낌이 들었다.

"아빠한테 키위새 이야기를 들을 때마다 난 아무리 내 환경이 풍요로워도 매일매일 날아가는 연습을 해야겠다고 생각했지. 평화로울 때 준비하라는 말도 있잖아."

로빈은 잠시 유주의 어깨너머 복도 쪽을 바라보았다. 반 아이

들이 하나둘씩 교실로 들어오는 소리가 들렸다.

"일찍 일어나는 새가 먹이를 잡는다더니 오늘 일찍 일어난 보람이 있네. 키위새 이야기 정말 재미있다."

유주는 로빈을 향해 생긋 웃으며 다른 아이들이 보기 전에 얼른 자리에 앉았다.

유주의 마음은 구름 위로 붕 뜬 것 같았다. 아침부터 로빈과 단둘이서 이야기를 나누다니 유주에게는 역사적인 사건이었다. 무엇보다도 로빈의 키위새 이야기가 유주의 마음에 단단히 둥지를 틀었다.

'지금까지 난 키위새처럼 살았나 봐. 아무런 노력과 준비 없이 편안하게만 지냈어. 이대로 있다가는 나도 키위새처럼 날 수 없을 지도 몰라. 그건 너무나도 끔찍해.'

유주는 문득 서글퍼졌다. 멀리서 어디에선가 키위, 키위하며 키위새의 울음소리가 들리는 듯 했다.

"자. 모두 잘 들으세요. 우주 상상 학교 축제가 내일부터 시작됩니다. 미리 말했듯이 오늘 이 시간은 우리 반이 다함께 참여할 수 있는 발표회에 대해 의견을 나누고 주제를 결정하는 시간입니다. 여러분의 생각을 칠판에 기록하여 가장 많은 찬성을 받은 주제를 선택할 거예요. 그럼, 누가 먼저 말해 볼까요?"

담임선생님의 질문이 끝나기가 무섭게 아이들은 여기저기서 손을 들었다.

"우주 시대를 표현하는 의상 발표회를 생각했습니다. 탐사용 우주복이나 레저용 우주복, 어린이를 위한 우주복도 패션쇼를 하면 무척 재미있을 거예요."

해미가 먼저 말했다.

"국제 우주 정거장을 만들어 작품 전시를 하면 좋겠어요. 재료는 각설탕과 종이를 이용해 만들 수 있습니다. 예전에 아빠랑 각설탕으로 제가 사는 집을 만들어 본 적이 있었는데 정말 재미있었거든요. 국제 우주 정거장에 필요한 건물, 우주선 조립공장, 관제 센터, 호텔, 병원 등 2인 1조가 되어 한 개씩 완성해서 배치하면 근사한 합작품이 될 거에요."

로빈은 수첩에 꼼꼼히 적어 온 것을 보며 말했다.

"모두 외계인으로 분장해서 댄스 공연을 하면 좋겠습니다."

반에서 춤을 제일 잘 추는 민형이의 의견에 아이들은 까르르 웃어댔다.

반 아이들의 이색적이고 기발한 의견은 어느새 칠판을 가득 채웠다.

"기대 이상으로 재밌는 여러분의 생각에 선생님은 깜짝 놀랐어요. 그럼, 지금부터 손을 들어 우리 반의 발표 주제를 결정하도록 하겠어요."

유주는 해미의 생각과 로빈의 생각 사이에서 고민하다가 로빈의 제안에 손을 들었다. 다른 아이들도 마찬가지로 해미와 로빈의 의견을 가장 많이 좋아했다. 결국 몇 번씩 엎치락뒤치락한 끝에서야 로빈의 제안이 채택되었다.

"모두가 훌륭한 제안이었지만 여러분의 거수 결과, 국제 우주 정거장 만들기로 결정되었어요. 저도 여러분처럼 각설탕으로 만드는 작품이라는 점이 무척 흥미롭답니다. 각설탕을 다루는 요령에 대해서는 로빈이 반원들에게 자세히 알려 주세요. 무엇보다 이 발표회는 여러분의 협력이 필요하답니다. 물론 혼자 작품을 완성하는 것에 비해 불편할 점도 있을 거예요. 함께 만드는 과정 속에서 어려운 점도 있겠지만 서로의 장점을 살려 배려하고 노력한다면 보람있는 시간이 될 거라고 생각해요."

담임선생님은 곧 작품 제작을 위한 조 편성에 들어갔다. 유주는 희주와 함께 국제 우주 정거장 주변에 있는 우주인 호텔을 맡

앉다.

"여러분은 각 조별로 담당한 모형에 대해 미리 구상하고 어떻게 만들 것인지 함께 상의해 오세요."

담임선생님은 준비물을 칠판에 적어 보였다. 유주는 마음속으로 손재주가 좋은 희주와 한 조가 된 것이 무척 기뻤다.

'야호. 희주랑 같은 조다! 만드는 건 희주가 끝내 주잖아!'

유주는 얼른 희주 앞으로 쪽지를 전달했다.

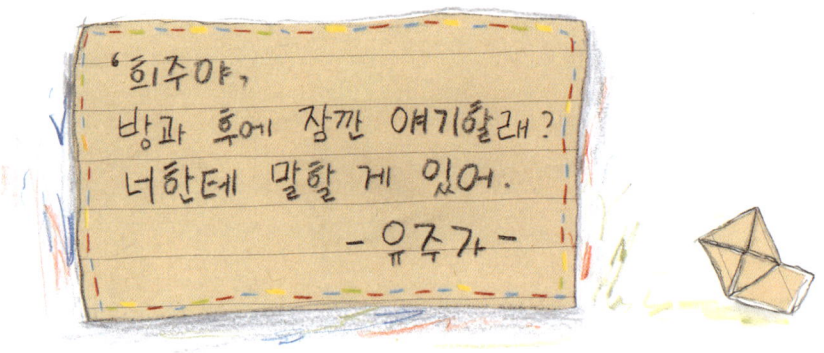

희주는 쪽지를 펴본 후 유주에게 고개를 끄덕이며 알았다고 신호를 보냈다.

방과 후.

희주와 유주는 운동장 끝 벤치에 앉아 이야기를 나누었다.

"희주야. 사실 난 너처럼 만드는 건 자신 없거든. 너도 잘 알잖아."

유주가 조심스럽게 말을 꺼냈다.

"무슨 소리야? 나도 각설탕으로 만들어 본 적은 없는걸."

희주가 정색을 하며 말했다.

"그래도 넌 뭐든 잘 만들잖아. 내가 만든다고 설치면 괜히 작품을 망칠지도 몰라."

"무슨 말을 하고 싶은 건데?"

"내가 필요한 각설탕을 전부 살게. 넌 네가 만들고 싶은 대로 호텔을 만드는 거야. 어때? 혼자 만드는 쪽이 더 낫지 않겠니?"

"유주야. 이건 함께 만드는 거야. 아무리 네가 만들고 싶지 않다 하더라도 너랑 나랑 같이 만들어야 하는 거야."

희주의 대답은 단호했다.

"생각 좀 해 봐. 나와 같이 만들 때 오히려 귀찮은 일이 많을 텐데? 너 혼자 편히 만들 수 있는 방법이 있는데 왜 그러니?"

유주는 화가 나기 시작했다.

"유주야, 난 네가 이런 말을 꺼내리라고는 생각 못 했어."

"그러니? 난 네가 오히려 좋아할 줄 알았는데?"

"선생님이 하신 말씀을 생각해 봐. 넌 지금 나한테 다 떠맡기려 하고 있잖아."

희주는 자리에서 벌떡 일어나 가방을 들었다.

"자꾸 그런 식으로 생각할 거니?"

유주는 순간 당황하였다. 물론 희주의 말도 틀린 건 아니었다. 그러나 유주는 자신을 나쁘게 말하는 희주에게 화가 치밀었다. 속마음을 들킨 것 같았다.

"내가 만들기를 잘했다면 너한테 이런 말도 꺼내지 않았어. 알았어. 관두자고."

유주는 가방을 낚아채고 운동장을 빠져나왔다.

저녁 식사를 마친 후 유주는 소파에 누워 무언가를 골똘히 생각하고 있었다. 기분이 영 찜찜했다. 자신의 생각을 받아들여 주

지 않은 희주가 생각할수록 미울 뿐이었다.

"쳇. 내가 뭐 아무 것도 안 한다고 했나? 각설탕 재료는 내가 사겠다는데 어떻게 다 떠맡기는 거라고 할 수 있어?"

유주는 입을 비쭉거리며 혼잣말을 했다.

"뭐라고 혼자 중얼거리는 거니?"

사과를 깎고 있던 엄마가 물었다.

"그럴 일이 있어요."

유주는 얼른 사과 한 조각을 입에 넣으며 대답했다.

"별자리 캠프 말인데, 가기 전에 영월 할아버지께 전화하는 게 어떻겠니? 무척 좋아하실 거야"

엄마는 문득 생각난 듯 유주에게 물었다.

"아! 맞아요. 지금 당장 전화해야지."

유주는 신이 나 전화기 쪽으로 달려갔다.

"나도! 나도 전화할 테야!"

조용히 사과만 먹고 있던 동생 연주도 쪼르르 달려갔다. 그런데, 전화기를 들려는 순간 유주는 잠시 멈칫했다.

"왜 그러니?"

엄마가 다시 물었다.

"엄마, 좋은 생각이 났어요. 할아버지께는 비밀로 해요. 깜짝 놀라시게요. 미리 전화하면 할아버지가 이것저것 준비하시느라 신경 많이 쓰실 거예요."

"어머, 유주야. 어쩜 그런 기특한 생각을 다 했니? 유주도 이젠 어른 다 됐다. 시집가도 되겠어."

"난 나중에 커서도 시집은 안 가요. 그냥 아빠랑 엄마랑 같이 살 거예요."

유주가 말하자, 동생 연주도 한 마디 거들었다.

"나도 시집 안 가요."

"뭐라고? 두 딸들이 큰소리 치네? 어디 두고 볼까? 호호호."

유주는 엄마의 즐거운 웃음소리에 기분이 좋아졌다. 희주와 다툰 후 곤두섰던 마음의 가시가 조금씩 빠지는 것 같았다.

방으로 들어온 유주는 벽에 걸린 우선순위 아이스크림을 가만히 바라보았다.

'스피카님과 이야기하고 싶다.'

유주는 컴퓨터의 전원을 켰다. 잠시 후 까맣던 모니터에는 꼬마천문대 까페의 홈페이지가 나타났다.

    스 피 카   오늘 학교에서는 어땠나요?
    우주소녀   저희 반 모두가 각설탕으로 국제 우주 정거장을 만

들기로 했는데요. 저랑 같은 조가 된 친구에게 만들어 달라고 부탁했더니 딱 거절하는 거 있죠. ㅠㅠ

😎 스 피 카   각설탕으로 국제 우주 정거장을 만들어요? 굉장하네요.

😵 우주소녀   그건 로빈이라는 친구의 아이디어예요. 지난번에 얘기한 어린이 도슨트 말이에요. 로빈이 아주 재미있는 새 이야기를 해 주었어요. 천적이 없고 먹이가 많으니까 날개를 쓰지 않아 결국 날지 못하는 키위새가 있대요.

😎 스 피 카   키위새 이야기는 들어봤어요. 의미 있는 이야기네요.

😵 우주소녀   네. 사람도 키위새처럼 될 수 있다고 로빈이 말했어요.

😎 스 피 카   맞아요. 그런데 그 키위새 이야기는 우주소녀님께도 꼭 필요한 이야기 같은데요?

😵 우주소녀   저요?

😎 스 피 카   만들기에 재능이 있고 없음은 중요하지 않아요. 중요한 것은 다른 사람과 함께 만드는 과정 속에서 우주소녀님이 배울 수 있는 것이 있다는 거지요.

😵 우주소녀   …….

 어린이를 위한 **성취**

😎 **스피카** 우주소녀님도 커서 사회 생활을 하거나 혹 실제로 우주 비행사가 되어 일하게 된다면 다른 사람들과 어울려서 공동의 목표를 향해 일해야 할 때가 반드시 있답니다. 그때도 우주소녀님은 '난 못하니까 할 수 없어'라고 생각만 한다면 결국 키위새처럼 될 지도 몰라요.

😝 **우주소녀** 으앙~ 키위새 이야기가 제 이야기가 될 줄은 생각도 못 했어요. ㅠㅠ

😎 **스피카** 지금 당장은 중요한 것 같지 않아도 적극적으로 배우려는 자세는 꿈을 성취하는 모든 사람들에게 꼭 필요하답니다.

유주는 키위새가 될 뻔한 자신을 도와준 스피카님이 고마웠다. 그리고 처음엔 미웠지만 이제는 희주의 마음도 이해할 수 있게 되었다.

"노력도 안 해 보고 포기할 뻔 했어. 우주 비행사가 되려면 어려운 과제도 해내야 하는데 그걸 잊었네. 날지 못하는 키위새처럼 되고 싶지 않아."

유주는 곧 흰 종이를 꺼내 머릿속으로 상상한 키위새를 그렸다. 그리고 키위새 날개 위로 'I can fly(나는 날 수 있어)'라고 썼다. 유주의 키위새는 멀리 멀리 날아오르는 것 같았다.

다음날.

유주는 각설탕을 잔뜩 넣은 보조 가방을 들고 일찍 학교에 갔다. 그리고 희주가 올 때까지 한참을 기다렸다. 그런데 담임선생님의 조회가 끝나고 국제 우주 정거장 만들기 시간이 다 되었는데도 희주는 오지 않았다.

유주는 어제 희주와 다툰 일이 몹시도 마음에 쓰였다. 유주는 가만히 앞으로 다가가 선생님을 불렀다.

"선생님."

"그래. 유주야. 무슨 일이니?"

"희주가 저랑 같은 조인데요, 아직 안 와서요."

"아. 그렇지. 선생님이 잊고 있었구나. 희주는 오늘 아파서 결석한다고 연락 왔단다."

순간, 유주는 머릿속이 텅 빈 느낌이 들었다.

"그래요? 많이 아픈가요?"

"감기라더라. 괜찮을거야. 희주가 없는 대신 로빈이 도와 줄 거야. 알겠지?"

"로빈이요?"

유주는 그만 입이 딱 벌어졌다.

"희주의 몫까지 열심히 만들어야 한다."

선생님은 유주의 어깨를 다독이며 당부했다.

"네. 선생님."

유주는 눈앞이 캄캄해졌다. 갑자기 혼자된 느낌에 두려움이 생겼다. 생각지도 않은 희주의 결석은 유주의 마음을 더 무겁게 만들었다. 희주와 함께 힘을 모아 할 수 있을 거라는 자신감이 콩알만큼 작아지며 사라지는 것 같았다. 유주는 그만 기운이 쭉 빠져 힘없이 각설탕만 바라보고 있었다. 그때였다.

"유주야. 희주가 오늘 결석이라며?"

로빈이 다가와 말했다.

"응……."

유주는 모기만한 소리로 대답했다.

"왜 그렇게 힘이 없니?"

로빈이 다시 물었다.

"희주가 없으면 난 못 만들어. 난 만들기에 자신 없거든."

"내가 도와줄게. 선생님이 희주 대신 널 도와주라고 하셨어. 걱정 마."

"그래. 알고 있어. 하지만 갑자기 이런 일이 생기다니 기분이 나빠."

유주는 좀처럼 기분이 나아지지 않았다.

"준비된 내가 있잖아. 그러니까 기운 내."

로빈은 활짝 웃으며 말했다.

"넌 정말 못 말리겠다."

유주는 왠지 로빈의 자신감이 특별하게 느껴졌다. 로빈에게는 아무리 나쁜 일이 생겨도 불평하거나 실망하기보다 당당하게 헤쳐 나갈 힘이 느껴졌다. 그 힘은 과연 어디서 나오는 걸까?

유주는 로빈의 도움을 받으며 국제 우주 정거장에 세울 호텔 모형을 만들기 시작했다. 걱정했던 것과는 다르게 만드는 작업은 흥미로웠고 즐거웠다.

스피카님의 말대로 유주에게 만드는 특별한 재능이 있거나 없는 것은 중요하지 않았다. 국제 우주 정거장을 완성하기 위해 준비하는 과정은 반 아이들 뿐만 아니라 유주에게 새로운 배움의 경험이 되었다.

두 시간의 작업이 끝나자, 선생님은 각 조에서 완성한 건물 모형을 모아 두꺼운 널빤지 위에 보기 좋게 배치했다. 그리고 까만 우주 공간에 반짝이는 별들이 그려진 배경 그림을 세우고 작은

어린이를 위한 성취

전구를 설치하여 마무리했다.

"자. 이제 국제 우주 정거장의 점등식을 시작하겠습니다. 모두 한 목소리로 숫자를 세어 봅시다."

담임선생님이 먼저 시작했다.

"다섯!"

그러자, 아이들도 잔뜩 기대에 부풀어 큰 목소리로 외쳤다.

"넷, 셋, 둘, 하나!"

딸깍, 선생님은 힘껏 스위치를 눌렀다. 그러자 우주 정거장 전체에 환한 불빛이 켜졌다.

"와아!"

짝짝짝. 아이들은 일제히 박수를 치며 환호성을 울렸다.

"차를 마실 때 녹여 먹기만 하던 각설탕이 이렇게 멋진 국제 우주 정거장이 되었네요. 낯설고 쉽지 않은 새로운 도전이었지만 끝까지 참여해준 여러분의 노력이 자랑스러워요. 그리고 로빈의 경험은 우리 반에게 큰 성취감을 선물해 주었어요. 작은 성취가 하나 둘 계속 쌓이면 자신감을 갖게 해 주지요."

선생님의 아낌없는 칭찬과 격려에 반 아이들은 마음이 뿌듯해졌다. 유주는 문득 로빈에게서 느껴지는 자신감에 대한 비밀을 알게 되었다.

'그렇구나. 이런 느낌이 성취감이란 것이구나. 로빈은 항상 목표를 실천하고 성취하는 아이였어. 그래서 언제나 자신감을 갖고 있었구나.'

유주는 남은 각설탕을 다시 가방에 조심스럽게 넣었다. 오늘을 기념하는 멋진 기념품이라는 생각이 들었다.

집에 돌아온 유주는 남은 각설탕으로 과자를 만들기로 했다. 희주를 위해 과자를 구울 계획이었다. 과자 굽는 것쯤은 유주에게 쉬운 일이었다. 엄마와 함께 여러 번 과자를 만들어 봤기 때문이다.

유주는 달걀노른자에 각설탕을 넣어 곱게 녹인 후 밀가루와 버터, 우유와 섞은 다음 오븐에 넣어 구웠다. 오븐에서 꺼낸 과자에는 모락모락 뜨거운 김이 오르고 있었다.

유주는 곧 작은 쪽지를 꺼내 써내려 갔다.

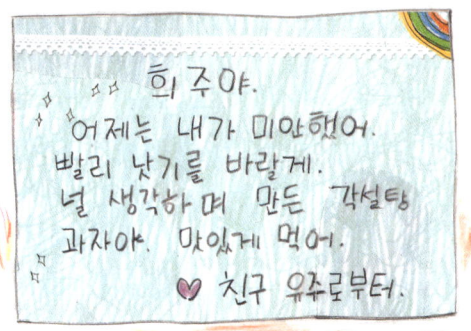

잠자리에 들기 전, 유주는 스피카님을 만나기 위해 꼬마천문대 까페로 들어갔다. 별자리 캠프에 꼭 와달라고 당부하고 싶었기 때문이었다. 그런 유주의 마음을 눈치챘는지 스피카님으로부터 쪽지가 와있었다. 별자리 캠프의 시간을 묻는 내용이었다. 유주는 쪽지를 닫고 서둘러 스타 메신저로 로그인 하였다.

우주소녀   방금 쪽지 읽었어요.

스 피 카   그래요? 혹시라도 서로 시간이 맞는다면 갈까 생각하고 있어요.

우주소녀   정말이세요? 야호! *^^* 천문대에 도착하는 시간은 아마 오후 6시 30분쯤 될 거에요. 방 배정 후 프로그램 시작하기 전에 휴식 시간이 있어요. 7시쯤이면 딱 좋을 것 같아요.

스 피 카   알았습니다. ^^ 그런데 일이 생길 수도 있어요.

우주소녀   그땐 어쩔 수 없지요. ㅠㅠ

스 피 카   오늘 국제 우주 정거장 만들기는 어떻게 되었나요?

우주소녀   같은 조 친구가 결석한 바람에 더 끔찍할 뻔 했어요. 그런데 로빈이 도와줘서 완성했답니다. 역시 스피카님의 말이 맞았어요. 어렵고 하기 싫은 일이라고만 생각했는데 막상 완성하고 보니 저도 자신감이 생기는 거예요. 로빈에게서 항상 보이는 그런 느낌이 있었는데 그게 자신감이라는 것을 알았어요.

😊 스 피 카   듣고 보니 저도 흐뭇하네요. ^^ 아무리 어려운 목표라도 묵묵히 실천하다보면 언젠가는 그 일에 익숙해지고 점점 그 일이 쉬워진답니다. 성취하는 자에게 주어지는 특별한 선물이 곧 '자신감'이지요.

😵 우주소녀   우주 비행사가 되려면 정말 많은 노력을 해야겠던데요. 이제는 함부로 시간 낭비하는 일이 없도록 정신 차려야겠어요.

😊 스 피 카   그래요. 잊지 말아요. 그리고 실천하세요. 알았지요?

😵 우주소녀   네. 스피카님.

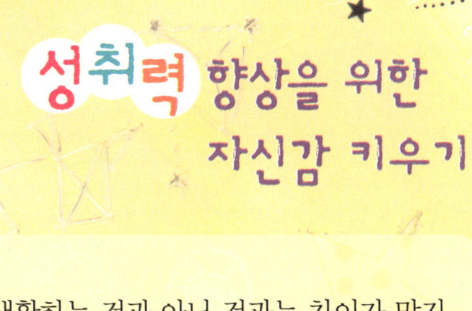

성취력 향상을 위한 자신감 키우기

자신감을 가지고 생활하는 것과 아닌 것과는 차이가 많지요. 공부를 할 때도 자신 있는 과목을 할 때는 같은 시간이라도 많은 분량을 하곤 하지요.
우선 쉽고 자신 있는 일부터 할 수 있다는 자신감을 가지고 도전해 보세요. 작은 일이라도 계획한 대로 이루어 내면 자신감이 부쩍 늘어난답니다.

1. 성취했을 때의 기쁨을 상상해 본다.
2. 자신의 장점을 적어보고 다른 사람들이 생각하는 나의 장점과 비교해 본다.
3. 처음 해 보는 일에 도전해 보고 경험을 해 본다.
4. 난 할 수 있어 라는 말을 자주 해 본다.
5. 다른 사람과 함께 일을 하면서 협동심을 키워 본다.
6. 꿈을 성취한 사람들의 이야기를 담은 책을 읽는다.

우주 소녀, 별을 쏘아 올리다

성취하는 사람은 마음에 자신감을 품게 됩니다. 자신감은 밤하늘의 별이 되어 언제나 여러분을 지켜주는 세상에 단 하나뿐인 별자리가 되지요. 별 하나하나가 모여서 아름다운 별자리를 만들듯이 내가 이룬 하나의 성취가 미래의 나를 완성한답니다. 우주소녀 유주는 처녀자리의 스피카님을 만나 오래 기다려왔던 작은 소망을 이룹니다.

자, 이제 나만의 예쁜 꿈이 담긴 성취 별자리를 상상해 봅시다. 내가 쏘아 올린 별들이 꿈을 밝혀주는 빛이 되어 항상 지켜보고 있다는 사실 잊지 마세요.

성공을 준비하는 힘_성취

성취를 위한 미션 여행

즐겁지 않으면 아무도 견디지 못할 거야. 진짜 자기 꿈이
아니라면 노력하는 시간 내내 힘든 느낌만 들 거니까.

비가 올 것 같은 하늘이었다. 유주는 우산을 꺼내들었다. 그리고 어젯밤 열심히 생각했던 계획을 떠올리며 집 밖을 나섰다. 학교에 도착하니 로빈이 자리에 앉아 무언가를 읽고 있었다. 책을 읽는 로빈의 모습은 언제나 멋져 보였다. 유주는 먼저 로빈에게 아침 인사를 했다.

"로빈. 안녕?"

"유주, 왔구나. 이젠 자주 일찍 오네."

"응. 나도 내 꿈을 이루기 위해 작은 것부터 실천할 거야."

"오, 그래? 꿈이 뭔데?"

"우주 비행사가 되는 거야. 우리나라도 미국이나 러시아처럼 우주 시대를 준비해야 하잖아. 나처럼 잘 준비된 우주 비행사가 많이 나온다면 우리나라도 당당히 우주 선진국이 될 수 있을 거야."

유주의 목소리는 한껏 들떠 있었다.

"와! 굉장해. 우주 비행사라니!"

로빈은 유주의 이야기가 무척 흥미로웠다.

"그래서 말인데 네가 좀 도와주면 좋겠어. 우선, 난 체력을 키워야 하는데 네가 아침에 하는 운동 말이야. 나도 같이 하면 어떨까?"

유주는 로빈에게 첫 번째 계획부터 차근차근히 말했다. 로빈은 조용히 듣고 있다가 빙그레 웃으며 대답했다.

"정말이니? 너도 아침에 운동을 한단 말이야? 물론 나야 괜찮지만."

"좋았어! 그런데 한 가지 더 부탁이 있어."

유주는 또 다른 계획을 말했다.

"체력도 중요하지만 영어도 잘 해야 하잖아. 넌 영어야 문제없겠지만 난 영어로 말하려 하면 머릿속에서 단어만 왔다갔다 도무지 입이 안 떨어져. 어떻게 하면 영어를 잘 할 수 있을까?"

"그런 질문을 받을 때마다 난 특별한 방법이 있다고는 생각지 않았어. 자주 영어로 말하고 듣고 익히는 것 밖에는."

"바로 그거야. 로빈! 그래서 내가 생각해 봤는데 우리가 운동할 때만이라도 영어로 말하는 거야. 어때? 따로 시간 내는 것도 아니니까 좋지 않겠어?"

그러자 로빈은 조금의 망설임도 없이 대답했다.

"좋아. 쉽지는 않겠지만 한번 해 보자. 그런데 정말 꾸준히 할 자신 있어?"

"날 못 믿는 것 같은데 두고 봐. 난 한번 마음먹으면 꼭 해내거든. 이것 좀 볼래?"

유주는 큰소리를 땅땅 치며 둘둘 말아둔 종이를 펼쳐 로빈에게 보였다. 그것은 유주가 만들어 놓은 계획표 같은 것이었다.

"우주 비행사가 되기 위한 10가지 계획?"

"그래. 우선 생각나는 대로 적어 봤어."

"그런데 이걸 다 실천할 수 있을까? 내 생각엔 너무 많은 것 같아."

"걱정 마. 이 정도는 해야 우주 비행사 시험을 통과하지 않겠어?"

유주는 자랑스럽게 종이를 다시 말아 가방에 넣었다. 로빈이 지적한 게 조금은 마음에 걸렸지만 우주 비행사가 되는 꿈은 정말 많은 준비를 해야만 될 것 같은 생각에는 변함이 없었다. 어쩌면 10가지 말고도 더 중요한 게 빠진 것 같기도 했다. 아무튼 유주에게는 결코 그리 많은 목표가 아니었다.

집에 돌아온 유주는 책상 앞에 계획표를 붙였다.

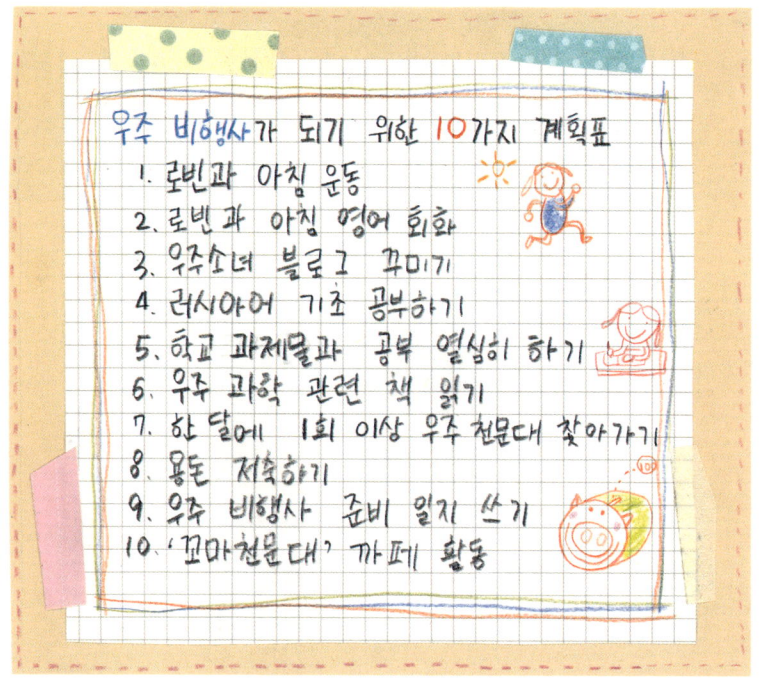

유주는 모든 목표를 다 이루겠다고 다짐했다. 그리고 십년 후 우주 비행사가 되어 우주선에 오르는 모습을 상상했다. 이내 가슴이 벅차 오른 유주는 스피카님을 불렀다.

😲 우주소녀   상상만 하고 있기엔 10년의 시간이 너무 길어요.

😎 스 피 카   뭘 상상하고 있었기에 그러지요? ^^

😲 우주소녀   우주 비행사가 되어 우주 탐사하는 상상이요. 그 때는 제가 22살이에요.

😎 스 피 카   꿈을 성취하려면 상상력이 없음 안 되지요. 하지만 상상력보다 더 큰 힘은 실천하는 힘이지요.

😲 우주소녀   네. 그래서 전 우주 비행사가 되기 위한 계획 10가지를 실천하기로 했어요. 내일부터 로빈과 아침 운동도 하고 영어 공부도 해요. *^^*

😎 스 피 카   오호라! 우주소녀님이 단단히 마음먹었나 봐요.

😲 우주소녀   로빈은 너무 목표가 많다고 했는데요. 우주 비행사 되기가 뭐 그리 쉬운가요?

우주소녀님이 스피카님께 '계획10가지' 파일을 보내려 합니다.

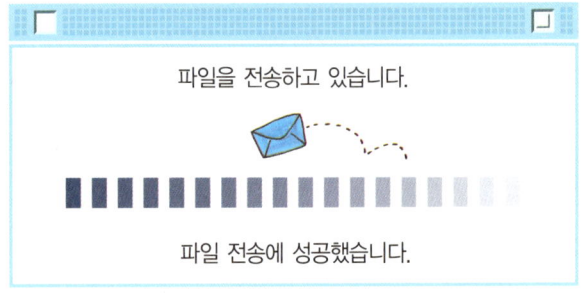

😎 스 피 카　음, 파일 열어 봤어요. 우주소녀님 의욕이 넘치네요. ^^ 하지만! 무언가 빠진 거 같네요.

😛 우주소녀　그게 뭐지요? @@

😎 스 피 카　지금은 말할 수 없어요. 우주소녀님도 나중에 알게 될 거에요. ^^

😛 우주소녀　네? 지금 말해 주시면 안 돼요? ㅠㅠ

😎 스 피 카　맞춰 보세요. 언제라도 답을 알게 되면 말해요. 알았지요? ^^

😛 우주소녀　스피카님은 심술쟁이시네요. ㅠㅠ

😎 스 피 카　하하. ^ㅇ^

다음날.

유주는 알람 소리에 화들짝 놀라 깨어났다. 로빈과의 운동 첫날이었다. 유주는 이불을 박차고 일어나 등교 준비를 했다. 오늘따라 학교 가는 길은 상쾌했다. 짐작한대로 교실에는 로빈이 먼저 와 기다리고 있었다. 로빈은 유주를 보자 반갑게 인사를 했다.

"Hi!(안녕?)"

순간, 유주는 말문이 탁 막혀 버렸다. 그러자 로빈이 다시 말을 걸었다.

"Good morning.(좋은 아침이야.)"

'맞아. 영어로만 말하기로 했지.'

유주는 어색하고 당황스러웠지만 어쩔 수 없었다. 영어로만 말하자고 큰소리치던 사람이 누구인데!

유주는 어젯밤 웅얼거리며 연습한 문장을 간신히 생각해 내며 말했다.

"How are you?(넌 어떠니?)"

"Super! How are you?(최고야! 넌 어때?)"

곧 로빈은 엄지손가락을 치켜세우며 말했다.

'뭐지? 자기가 수퍼맨이라는 말인가? 수퍼마켓에 갔다 왔다는 건가? 도대체 알 수가 있어야지.'

잠시 머뭇거리던 유주는 방긋 웃으며 한마디 했다.

"Fine. Let's go!(좋아. 가자!)"

유주와 로빈은 텅 빈 운동장으로 나갔다. 햇살이 운동장의 플라타너스 나무 사이로 반짝거리고 있었다.

유주와 로빈이 운동장 세 바퀴를 도는 동안 숨어 있던 해는 하늘로 불쑥 솟아올랐다. 로빈은 뒤로 한참 처져있던 유주에게 다시 달려가 기다려 주기도 하며 간신히 세 바퀴를 끝냈다. 유주는 기운이 다 빠진 목소리로 말했다.

어린이를 위한 **성취**

"Robin. I'm sorry.(로빈. 미안해.)"

"It's okay. This is only your first day! But You did great!(괜찮아. 이제 겨우 첫 날인데 뭘. 아주 잘 했어!)"

그랬다. 로빈의 말처럼 유주는 첫 날의 목표를 모두 열심히 해냈다. 운동을 마친 후 우주 이야기책을 읽었고 방과 후 학원에 가기 전에는 과제물을 모두 끝냈다.

그리고 학원에서 돌아오는 대로 블로그를 꾸미고 러시아어를 공부한 다음 우주 비행사 준비 일지 쓰기를 끝내고 나니 밤 11시가 훌쩍 넘어버렸다. 유주는 눈꺼풀이 무거워졌다. 너무 졸렸다.

하지만 기분은 좋았다. 오늘 유주의 하루는 100점이라고 생각했기 때문이다. 유주는 다시 내일의 목표를 생각하며 금세 잠이 들어버렸다.

다음날에도 유주는 목표를 채우기 위해 무척이나 바쁜 시간을 보냈다. 그런데 학교에서 돌아와 숙제를 시작하려고 할 때, 유주는 졸음이 우르르 쏟아지는 걸 느꼈다.

"하암, 왜 자꾸 졸리는 걸까? 안 돼. 지금 자면 다음 일들을 못하잖아."

유주는 애써 졸음을 참아가며 숙제를 했다. 그리고 그럭저럭 숙제를 마치고 나서 학원에 갔다. 학원에서도 유주는 반쯤 감긴 눈으로 시간을 보내고 있었다.

"유주야, 너 오늘 이상해. 어디 아프니?"

만나는 친구들마다 유주에게 똑같은 질문만 해댔다.

"아냐. 난 그냥 졸릴 뿐이야."

유주는 학원에서 도망치듯 나와 집으로 돌아왔다. 그리고는 곧장 방으로 가 침대 위로 쓰러지듯 벌렁 누웠다. 아마 몇 초도 지나지 않았을 것이다. 스르르 잠에 푹 빠져들 무렵, 엄마의 목소리가 희미하게 들려왔다.

"아니. 저녁도 안 먹고 자는 거야? 뭘 하다 와서 이렇게 파김치가 됐니? 응? 이대로 잘거니? 한 숟갈이라도 뜨고 자야지······."

유주는 이미 멀고 먼 꿈나라로 갔는데 말이다.

"일어나. 유주야."

시끄럽게 합주곡을 연주하던 자명종 소리 대신 엄마의 목소리가 들려왔다. 유주는 번쩍 눈을 떴다.

"몇 시에요? 엄마?"

유주는 부스스 눈을 비비며 물었다.

"알람이 온 집안을 들었다 놨는데도 넌 꼼짝 안 하더라. 어째

어린이를 위한 성취

요즘 일찍 일어나 학교 잘 가는 것 같더라니."

순간, 유주는 머리가 쭈뼛해지는 것 같았다.

"아악! 늦었다!"

유주는 허둥지둥 침대에서 내려와 학교 갈 준비를 서둘렀다.

"아뿔싸! 가방도 안 싸놨네!"

"차근차근히 해. 아직 시간은 충분하잖아."

엄마는 바닥에 떨어진 이불을 개며 말했다.

"아이참. 로빈이 기다린단 말이에요!"

유주는 그만 엄마에게 화를 내고 말았다. 순간, 엄마의 표정이 굳어졌다. 아주 짧은 시간 동안 엄마와 유주 사이에는 차가운 공기가 흐르는 듯 했다.

"이상하네. 왜 엄마에게 화를 내지?"

급기야 엄마도 화가 났는지 유주를 도와 이불을 개다 말고 거실로 나가 버렸다.

"어떡해. 로빈이 많이 기다렸을 텐데. 내 꼴이 뭐람?"

유주는 잔뜩 얼굴을 찡그리며 울먹였다. 더구나 엄마까지 화나게 만들었으니 유주의 마음은 더욱 무거웠다.

'이제 겨우 셋째 날인데 로빈에게 이런 모습을 보이다니!'

로빈을 만나면 뭐라고 해야 할지 유주는 한숨만 나왔다. 가까스로 가방을 싸고 현관문을 나오려는데 엄마가 유주를 불렀다.

"어제 저녁도 안 먹었는데, 이거라도 마시고 가."

엄마는 이제 막 만든 구수한 미숫가루를 내밀었다. 그러나 유주는 기어가는 목소리로 짧게 대답할 뿐이었다.

"먹을 시간 없어요. 다녀오겠습니다."

현관문을 나서자마자 유주는 후회했다. 조금이라도 마실 걸 그랬나……. 배도 고팠지만 엄마에게 너무 심술궂게 한 것이 무척 미안했다.

교실에 도착하자 유주는 로빈부터 찾았다. 로빈이 먼저 유주를 봤는지 교실 뒤쪽에서 유주를 향해 손짓을 했다.

"오늘 무슨 일 있었니?"

로빈이 다가와 먼저 물었다.

"미안해. 그만 늦잠을 잤어."

유주는 얼굴이 화끈 달아올랐다. 창피하지만 사실대로 말할 수밖에 없었다.

"그랬구나. 너무 무리해서 그랬나 봐. 힘에 부치면 목표를 줄이는 게 좋겠어."

"힘에 부치진 않아. 충분히 다 할 수 있는 건데 뭐. 첫째 날엔 내가 계획한 것 다 해냈거든."

"맞아. 넌 모두 해냈지. 하지만 오늘 봐. 이제 겨우 셋째 날인데 넌 벌써 지쳤잖아."

로빈이 정확하게 지적하자 유주는 더 이상 참을 수가 없었다. 로빈에게 미안한 마음마저 훌쩍 사라져 버렸다. 잘 하려고 하는 마음에 찬물을 끼얹는 것 같은 로빈의 말이 정말 원망스러웠다.

"뭐라고? 내가 언제 지쳤다고 했니? 오늘 하루 늦잠 잔 것뿐인데 뭘."

유주는 갑자기 소리를 높이며 쏘아붙였다.

"내 말이 기분 나쁘게 했구나. 미안해. 난 단지 네가 지치지 않고 꾸준히 목표를 이루길 바라는 것뿐이었어."

가시 돋친 유주의 반응에 로빈은 깜짝 놀랐다. 얼른 사과를 했지만 단단히 틀어진 유주의 기분을 풀어 주기에는 늦어버린 것 같았다.

"딱 한 번 늦잠을 잤다고 해서 목표를 줄일 수는 없어. 혹시 내가 기다리게 해서 화가 났다면 내일부턴 나 혼자 운동할게."

유주는 그만 마음에도 없는 말까지 해 버렸다. 그러자, 이번에는 로빈도 화가 났나 보다.

"좋아. 네 마음대로 해."

로빈은 홱 등을 돌려 자기 자리로 돌아갔다.

유주도 애써 모른 척 하며 자리에 앉았다. 그런데 아무렇지 않아야 할 마음 한 구석에 불안감이 퍼지기 시작했다. 이대로 로빈과 멀어지게 될 것 같은 생각이 들자 서글퍼졌다. 그러면서도 다시 로빈에게 다가갈 용기가 나지 않았다.

유주는 수업이 끝나 교실을 나서는 순간까지도 로빈이 있는 쪽에 눈길 한 번 주지 않았다. 사실은 겁이 났기 때문이었다. 교실 문을 나와 집으로 돌아가는 동안 유주는 로빈이 먼저 다가와 말을 걸어주기를 기다렸다. 그러나 로빈은 어디로 갔는지 나타나

어린이를 위한 성취

지 않았다. 유주는 주위를 둘러보며 로빈의 모습을 다시 한 번 찾아보았다. 아이들이 다 빠져나갈 때까지 서성대던 유주는 텅 빈 운동장만 바라보았다.

유주가 스피카님을 만난 시각은 밤 10시쯤이었다. 로빈과의 말다툼 뒤로 하루 종일 뾰루퉁한 얼굴로 부어있던 유주는 한 시간이 넘도록 컴퓨터의 모니터 앞에서 스피카님을 기다리고 있었다. 그런데 기다리다 못해 로그오프를 하려는 찰나, 스피카님이 들어왔다.

우주소녀　이제 막 나가려 했는데 다행이에요.

스 피 카　이런, 날 기다렸군요. >.< 드디어 제가 낸 문제의 답을 찾았나요? ^^

우주소녀　문제요? 아! 깜빡 잊고 있었어요. ㅠㅠ

스 피 카　문제도 깜빡 잊고, 무슨 일이 있었나요?

우주소녀　로빈 때문이에요. 오늘 딱 한 번 늦잠 자서 운동 빼먹었는데, 저보고 힘드니까 목표를 줄이라고 하잖아요. 스피카님도 제가 보낸 10가지 계획 보셨지요?

스 피 카　그럼요. ^^ 우주소녀님은 우주 비행사가 된다면 어

우주소녀   떤 기분이 들 것 같나요?

우주소녀   그야 신나고 즐겁고 너무 행복할 거예요. *^^*

스 피 카   그런데 우주소녀님은 목표대로 생활하면서 그동안 신나고 즐겁고 행복했나요?

우주소녀   글쎄요. 공부하는 게 재미있는 사람도 있나요. 물론 목표를 다 이뤘을 때는 마음이 뿌듯해지긴 했지만…….

스 피 카   이상하지 않나요? 꿈은 우리를 즐겁고 행복하게 만드는데 왜 꿈을 성취하기 위해 준비하는 건 즐겁지 않을까요?

우주소녀   글쎄요. ㅠㅠ 잘 모르겠어요.

스 피 카   제가 낸 문제 기억하지요? 우주소녀님의 10가지 계획 가운데 빠진 게 있다고 했지요?

우주소녀   네. 그게 뭔지 도저히 모르겠어요. ㅠㅠ

스 피 카   즐거움이 빠져 있었어요. ^^

우주소녀   네에? @@

스 피 카   즐거움은 꿈을 성취하는 데 힘을 북돋워 주지요. 지치지 않게 해 주고요. 꿈을 준비하다가 도중에 포기하는 사람은 즐거움을 잊고 힘들게만 하려고 했기 때문이지요. 우주소녀님의 10가지 계획에는 목표가 너무 많아 즐거움을 느낄 틈도 없어 보였어요. 제 말이 맞나요?

우주소녀 아~ >.< 그렇군요.

스 피 카 앞으로는 즐겁게 성취할 수 있는 방법을 생각해 봐요. 알았지요?

유주는 '우주 비행사가 되기 위한 10가지 계획'을 다시 꺼냈다. 생각해 보니 목표를 세울 때는 즐겁고 행복했지만 어제 하루 동안은 시간에 쫓기듯 할 일을 해치우느라 바쁘기만 했던 것이다.

"그래. 내가 너무 욕심을 부렸어."

로빈의 말대로 유주는 목표를 줄여야 했다. 그리고 어떻게 하면 즐겁게 성취할 수 있을까에 대한 궁리도 여전히 해결해야 할 숙제였다.

"로빈이라면 알 수 있을 지도 몰라."

유주는 내일 아침 일찍 일어나 로빈을 만나러 가야겠다고 생각했다. 유주는 새 종이를 꺼내 이번에는 '우주 비행사가 되기 위한 5가지 계획'이라고 썼다. 그리고 지치지 않고 즐겁게 할 수 있는 것부터 써내려 갔다.

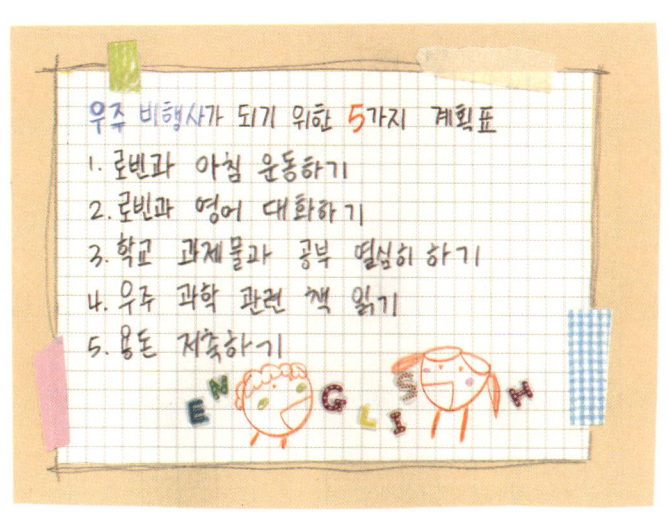

목표를 줄이고 보니 마음도 한결 가벼워졌다. 이번에 뺀 목표들은 적절한 때에 다시 넣기로 했다. 잠자리에 누운 유주는 눈을 감으며 생각했다.

'로빈은 날 정말로 생각해 주는 친구야.'

다음날 이른 아침.

유주는 창밖을 내다보며 한숨을 푹 내쉬었다.

"비가 오네. 하필이면 오늘이야."

우산을 편 유주는 힘없이 학교를

향해 걸어갔다. 그런데 빗줄기가 점점 더 굵어지기 시작했다. 유주의 신발은 이미 빗물에 푹 젖어 버렸다. 그때였다. 멀리서 누군가 부르는 소리가 들렸다.

"강유주!"

뜻밖에도 로빈이었다. 로빈은 학교 앞 문구점 출입문 앞에 서 있었다.

"로빈이구나. 여기서 뭐해?"

유주는 로빈 앞으로 뛰어갔다. 그러고 보니 로빈은 우산도 없이 서 있었다.

"우산을 놓고 왔어. 이렇게 비가 올지 몰랐거든."

"원숭이도 나무에서 떨어질 날이 있네."

"뭐라고?"

"하하하. 농담이야."

유주는 로빈에게 우산을 내밀며 말했다.

"같이 쓰고 가자. 너한테 할 말도 있어."

"고마워. 난 네가 그냥 갈 줄 알았는데."

유주와 로빈은 함께 우산을 쓰며 학교로 들어갔다.

"로빈. 어제는 내가 미안했어. 네 말이 옳았다는 걸 알았거든. 내가 너무 욕심을 낸 것 같아."

어린이를 위한 **성취**

"괜찮아. 사실 나도 너처럼 그런 적이 있었어. 목표를 잔뜩 세워놓고 모두 해내려고 했다가 나중엔 제대로 지키지도 못하고 그만 포기하고 말았지."

"너도 그랬다고?"

유주는 눈을 동그랗게 뜨며 물었다. 모든 걸 완벽하게 할 것 같은 로빈도 유주와 똑같은 과정을 겪었다니 유주에게는 놀라운 일이었다.

"응. 그래서 널 이해할 수 있어. 자, 이거 받아."

"이게 뭐야?"

유주는 로빈이 건네준 종이를 펴 보았다.

"우주 비행사 선발 조건?"

"그래. 네 꿈이 우주 비행사잖아. 읽어보면 도움이 될까 해서 인터넷에서 찾아봤어."

"와! 로빈! 이런 생각까지 한 거니? 정말 고맙다."

유주는 활짝 웃으며 로빈에게 고마움을 전했다.

"그거 알아? 우주 비행사가 되려면 충치도 없어야 된대. 넌 이제부터 사탕 먹을 생각하지 마."

"뭐라고? 정말이야?"

유주는 살짝 실망한 듯 물었다.

"거기 잘 읽어 봐. '지구 대기권을 벗어날 때 중력 가속, 압력의 변화에 예민한 큰 상처나 충치 등이 없어야 할 것'이라고 나와 있잖아. 하하하."

유주는 눈을 크게 뜨고 로빈이 가리킨 곳을 살펴보았다.

"앗! 정말이네."

"우주 비행사가 되는 꿈을 이룰 수 있다면 그까짓 사탕쯤이야 아무것도 아니지 뭐. 안 그래?"

"맞아. 로빈."

유주는 활짝 웃으며 맞장구쳤다.

그리고 사탕 먹는 즐거움 대신 다른 즐거움을 찾으면 될 것 같은 생각이 퍼뜩 들었다. 그 즐거움이 바로 스피카님이 말한 성취하는 즐거움이라면 어떨까? 유주는 어젯밤부터 로빈에게 꼭 물어보고 싶었던 질문을 하기로 했다.

"로빈. 꿈을 상상할 때는 무척 즐겁고 신이 나는데 말이야. 꿈을 위해 무언가 노력하는 과정이 즐겁지 않다면 그건 아무래도 이상하지 않아?"

"맞아. 즐겁지 않으면 아무도 견디지 못할 거야. 진짜 자기 꿈이 아니라면 노력하는 시간 내내 힘든 느낌만 들 거니까."

로빈도 공감했다.

어린이를 위한 성취

"그럼 어떻게 하면 즐겁게 할 수 있을까?"

유주가 진지한 표정으로 묻자 로빈은 굳게 입을 다문 채 땅만 바라보며 걸었다. 그러다가 유주를 향해 씨익 한 번 웃으며 입을 열었다.

"음……. 나처럼 너도 이 방법을 써 봐."

"어떻게?"

"게임 좋아하지?"

"응"

"게임이라고 생각하는 거야. 목표는 미션이라고 생각하고 너는 미션을 완수하러 여행을 떠나는 게임 플레이어가 되는 거야."

"와! 재밌는 생각이야!"

유주는 로빈의 생각이 무척 마음에 들었다.

"그리고 각각의 미션을 완수할 때마다 아이템을 획득하는 것처럼 스스로 상을 주기도 해 봐. 정말 재밌어. 내 경우엔 책 백 권 읽는 미션을 완수한 날 아빠와 영화도 보고 저녁도 먹는 선물을 받았어. 그리고 나서 다음 미션을 완수하러 또 즐거운 여행을 떠나는 거야."

"와! 로빈! 멋진 아이디어야."

유주는 이번에도 로빈의 새로운 비밀을 알게 되었다. 로빈이 목표를 향해 묵묵히 나아갈 수 있었던 힘은 특별한 마법의 묘약도 아니고 바로 즐거움이었다.

잘 했을 때에는 스스로 상을 주기도 하는 방법으로 지루할 뻔한 미션 여행을 즐겁게 헤쳐가는 로빈의 지혜에 유주는 깜짝 놀랐다.

"유주 너도 네 미션을 가진 멋진 여전사가 될 수 있어. 하하하!"

"여전사라고? 맘에 드는데? 우주 여전사!"

유주는 우산을 흔들며 빗줄기와 싸우는 여전사 흉내를 냈다. 신기하게도 빗줄기는 조금씩 가늘어지기 시작했다. 마치 우주 여전사라는 걸 알고 있는 것처럼 말이다.

유주는 잠자기 전에 로빈이 준 우주 비행사 선발 조건을 읽고 또 읽었다.

"앗! 충치가 생기도록 놔두면 안 돼!"

유주는 벌떡 일어나 욕실로 달려갔다. 치약을 짠 다음 구석구석을 열심히 닦았다. 아마 처음으로 3분을 넘게 닦은 것 같았다. 유주는 거울을 향해 활짝 이를 드러내 보이며 말했다.

"좋아. 지금부터 나만의 미션 지도를 만드는 거야."

어린이를 위한 성취

잠자리에 들기 전에 유주는 미션 여행 지도를 만들었다. 먼저 우주 여전사 복장을 한 유주 자신의 주인공 캐릭터와 잘 맞는 캐릭터 그림을 게임 잡지에서 골라 오려냈다. 그리고 예쁜 스티커로 미션을 완수했을 때 갖게 되는 아이템들을 장식했다. 마치 살아있는 게임 같았다.

유주는 게임 던전(편집자 주:게임을 하는 플레이어가 활동하는 특정한 장소 혹은 지하 세계)에서 맡겨진 미션을 위해 숨어있는 괴물과 싸우는 상상 속으로 흠뻑 빠져버렸다. 이 게임은 마우스로 조정하며 하는 컴퓨터 게임보다 훨씬 재미있을 것 같았다. 게임의 주인공이 바로 유주 자신이기 때문이다.

유주는 스피카님의 말대로 즐겁게 성취하는 것이 왜 중요한 지 조금씩 깨닫기 시작했다. 성취하는 주인공은 엄마도 아니고 아빠도 아니고 다른 친구들도 아닌 바로 나 자신이기 때문이었다. 바로 내가 즐거워야 새로운 도전을 할 힘이 생겨나고 끝까지 미션을 마칠 수 있다는 것을 알았다.

유주는 우주 여전사가 되어 미션 여행을 떠날 것이다. 때로는 괴물의 힘이 더 셀지도 모르겠다. 그러나 우주 여전사는 미션을 완수할 때마다 더욱 강해질 것이다. 그것이 바로 성취의 힘이기 때문이다.

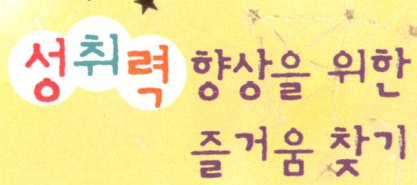

성취력 향상을 위한 즐거움 찾기

계획하던 목표를 이룰 때마다 자신에게 자그마한 선물을 주세요. 평소에 좋아했지만 잘 하지 못하던 일들이 있잖아요. 만화책 보기, 영화 감상, 음악 듣기, 친구들과 놀러 가기 등등.
성취를 이룰 때마다 작은 선물을 주면 더 즐겁게 다음 목표를 향해 달려 갈 수 있을 거예요.

1. 자신의 수준에 맞는 목표를 세운다.
2. 성취 보너스 쿠폰 만들기 – 영화 감상, 음악 듣기, 친구들과 놀러가기, 맛있는 것 사 먹기 등등
3. 개인 전시회 또는 가족 발표회를 갖기–피아노 연주회, 그림 전시회, 영어 스피치 발표회 등등
4. 자신이 가진 재능을 이용하여 봉사활동을 한다.
5. 성취감을 글이나 사진으로 기록하여 보관한다.

성공을 준비하는 힘_**성취**

별자리 캠프에서 만난 스피카님

운이 좋은 사람은 성취를 위해 준비하는 사람을 결코 이길 수 없단다.
우리 유주가 잘 준비하려고 노력하니까 행운이 찾아온 게지.

드디어 별자리 캠프에 가는 날이 왔다. 유주는 오랜만에 가는 가족 여행이라 한껏 들떠 있었다.

"빨리 나가요. 아빠, 엄마 때문에 늦겠어요."

유주는 현관문 앞에서 서성대며 재촉했다.

"어라, 매일 늦장 부리던 유주가 어쩐 일이니?"

아빠가 놀란 눈치다.

"얘가 요즘 이래요. 유주 방에 붙은 아이스크림 그림 못 봤어요? 그게 특효약인가 봐요. 맞지? 엄마 말이?"

엄마는 다 알고 있다는 말투였다.

"네. 그냥 평범한 아이스크림은 아니에요."

그러자 동생 연주가 또 끼어들었다.

"그 아이스크림 나도 사 줘. 언니."

"아이참. 그건 먹는 아이스크림이 아니야. 우선순위 아이스크림이라고."

"우선순위 아이스크림?"

아빠와 엄마가 동시에 외쳤다.

"우산순위가 뭐야? 우산처럼 생긴 거야? 언니?"

동생 연주도 눈을 반짝이며 다시 물었다.

"우산순위가 아니고 우선순위. 우선순위는 가장 소중한 것이나 가장 사랑하는 것부터 순서대로 정하는 거야."

유주의 그럴듯한 대답에 아빠와 엄마는 놀라는 모습이었다.

"오호라! 그러니까 그 우선순위 아이스크림한테 유주가 푹 빠진 모양이구나! 그래, 어서 가자. 늦으면 유주한테 혼나겠네."

아빠는 현관문을 닫고 가족을 데리고 서둘러 집을 나섰다.

학교 운동장에는 이미 많은 가족들이 도착해 있었다. 그 중에는 로빈의 아빠와 엄마도 보였다. 간단한 출석 확인을 마친 가족들은 모두 전세 버스에 올라탔다.

 어린이를 위한 **성취**

버스가 출발하자, 담임선생님은 가족 간의 서먹함을 풀고자 무선 마이크를 이용해 가족 소개 시간을 이끌어갔다. 그런데 한 가족씩 차례로 소개되는 동안 유주는 그곳에 모인 사람들이 지닌 한 가지 공통점을 발견하게 되었다. 그것은 바로 모든 가족이 별자리 캠프에 가기 위해 특별한 노력를 해 왔다는 점이다.

어떤 가족들은 1박 2일의 휴가를 내기 위해 아빠가 며칠씩 밤늦게까지 근무해야 했고, 또 다른 가족은 선약을 취소하고 조정하느라 애먹은 경우도 있었다.

유주의 아빠와 엄마도 마찬가지였다. 아빠는 어렵게 출장을 연기해야 했고 엄마도 휴가를 얻기 위해 미리 업무를 앞당겨 끝내야 했었다. 로빈의 아빠는 아내와 말다툼을 했는데 별자리 캠프 때문에 극적으로 화해했다는 사실을 밝혀 모든 가족들이 배꼽을 잡고 웃었다.

어찌 되었건 그들의 특별한 노력은 바로 가족을 위한 '희생'이었다. 유주는 버스에 앉아있는 다른 가족들의 표정을 둘러보며 생각했다.

'모두가 즐거워 보이네. 마치 우선순위 아이스크림을 맛본 사람들 같아.'

유주는 우선순위를 위해 때로는 특별한 노력을 해야 한다는 것을 깨달았다.

　세 시간을 훨씬 넘게 달린 버스는 어느새 영월의 봉래산을 올라가고 있었다. 곧 담임선생님의 안내가 뒤를 이었다.

　"이제 여러분께서는 봉래산 해발 800미터에 위치한 별마로천문대에 도착하게 됩니다. 소지품을 확인하시고 차례대로 천천히 내려 주세요."

　유주는 동생 연주의 손을 꼭 잡고 버스에서 내렸다. 내리자마자 첫 눈에 들어온 별마로천문대의 둥근 지붕은 찬란한 은빛으로 반짝거렸다.

　"와! 굉장해!"

　"우주선 기지 같아!"

　"정말 멋지다!"

　아이들과 부모들은 상기된 얼굴로 외쳤다.

　"여러분의 방 배정이 끝나면 7시 30분부터 천체 투영실에서 첫 프로그램이 시작될 거에요. 모두 로비로 모여 주세요."

　선생님은 가족들을 천문대 안으로 인도했다.

　방 배정이 끝난 후 유주는 설레는 마음으로 스피카님을 기다렸다.

천체 투영실로 가려면 아직 10여분이 남았다.

"아빠. 잠깐만 기다려 주세요. 절 만나러 오는 분이 있거든요."

유주는 잠깐 시계를 보며 말했다.

"여기에서? 누군데 그러니?"

"스피카님이에요."

"뭐? 스피카님? 뭐 하는 사람인데?"

"저……."

유주는 갑자기 말문이 막혔다. 생각해 보니 스피카님에 대해 아는 것이라고는 영월에 산다는 사실 뿐이었다.

"글쎄요. 저도 잘 몰라요."

"말도 안 돼. 누군지도 모르는 사람을 왜 만나? 요즘같이 험악한 세상에."

아빠는 단호히 잘라 말했다.

"아주 좋은 분이에요. 정말이라니까요. 엄마도 봤죠? 우선순위 아이스크림이요."

유주는 엄마 쪽을 바라보며 도움을 구했다.

"아, 그 아이스크림이랑 관련된 분이니?"

엄마는 짐짓 반가운 기색으로 물었다.

"네. 엄마. 오늘 저 만나러 올 거예요."

어린이를 위한 성취

"그래도 안 돼. 그 사람을 어떻게 믿니? 큰일이라도 당하면 어쩌려고. 절대 안 돼."

아빠는 한 치의 물러섬도 없었다.

"그럼, 당신이 유주와 같이 기다려 봐요."

엄마는 슬쩍 아빠의 옆구리를 쿡 찌르며 말했다.

"그래요. 아빠. 같이 기다려요."

"그럴까? 그래. 그러지 뭐. 흠."

아빠는 마치 누군가와 싸우러 가는 사람처럼 눈을 부라리며 출입문 입구를 향해 성큼 성큼 걸어갔다.

유주와 아빠는 출입문의 안과 밖을 서성이며 스피카님을 기다렸다. 시간은 벌써 7시가 다 되어 가고 있었다. 그때 멀리서 유주를 부르는 소리가 들렸다.

"유주야! 천체 투영실에 들어갈 시간이래. 어서 와!"

엄마가 천체 투영실 계단 앞에서 손짓했다.

"유주야. 그만 들어가자. 안 오는 걸 보니 역시 내 짐작이 맞나 보다."

분명 이상한 사람일거야."

아빠는 유주의 손을 잡아끌었다.

"하지만……. 알았어요. 아빠."

유주는 풀이 죽어 잠자코 아빠를 따라 들어갔다.

천체 투영실은 가운데 놓인 투영기를 둘러싸고 등받이가 긴 의자가 빼곡히 놓여 있는 원형의 방이었다. 높고 둥근 천장은 고요한 밤하늘이 되어 사람들을 내려다보는 것 같았다.

이윽고 천체 투영실을 운영하는 진행 담당자의 목소리가 들려왔다.

"여기는 천체 투영실입니다. 이 곳에 설치되어 있는 투영기는 8.3m 돔 스크린에 가상의 별을 투영하여 여러분에게 밤하늘을 보여줍니다. 의자를 뒤로 활짝 젖혀 보세요. 가능한 한 편안하게 누워 보세요. 밤하늘이 한눈에 가득 들어올 겁니다. 자, 그럼. 지금부터 아름다운 별의 세계로 여행을 떠나겠습니다."

별사탕처럼 감미로운 진행자의 말이 끝나자 천장은 어느새 무수히 많은 별들이 가득한 밤하늘로 바뀌었다.

"와!"

사람들은 탄성을 지었다.

"마치 별들이 쏟아지는 것 같지요? 도시에서는 이런 밤하늘을 볼 수 없지요. 추운 겨울날 시골의 밤하늘을 보면 별들이 더욱 총총하고 아름답게 보이는 이유를 알고 계시나요? 별에서 나오는 빛은 공기에 반사되고 굴절되어 우리 눈에 보이는 건데요. 공기 중에 있는 따뜻한 공기와 차가운 공기가 섞여서 끊임없이 움직이는 동안 공기에 부딪히는 별의 빛도 끊임없이 다른 모양으로 굴절하게 되지요. 그래서 우리 눈에는 별이 반짝이는 것처럼 보이는 겁니다. 따라서 공기의 흐름이 크고 바람이 세게 부는 추운 겨울날에는 더욱 별이 아름답게 반짝이지요. 자, 이제 봄 별자리부터 하나하나 찾아보겠습니다."

사람들은 진행자가 가리키는 레이저 봉의 빨간 점을 따라 갔다. 그것은 북두칠성이었다.

"여러분이 가장 잘 아는 큰곰자리인데요. 흔히 북두칠성이라고 하지요. 우리나라에서는 거의 1년 내내 북두칠성을 볼 수 있지요. 큰곰자리에 있는 국자 모양에서 첫 번째와 두 번째 별 사이의 거리를 5배만큼 가면 바로 북극성이 있습니다. 자, 보이시지요?"

유주는 열심히 5배의 거리만큼 쫓아가 북극성을 찾아냈다.

"이번에는 처녀자리를 찾아보겠습니다. 잘 보세요. 처녀자리

어린이를 위한 **성취**

는 여자가 등에 날개를 달고 왼손에는 보리 이삭을 쥐고 있는 모습인데요. 이 푸른색의 별이 보이시나요? 바로 처녀자리의 1등성인 스피카입니다. 스피카는 보리 이삭이라는 뜻이지요."

순간, 유주는 눈이 휘둥그레졌다.

"스피카?"

옆에 있던 아빠도 유주와 눈이 마주쳤다.

"아까 너 기다리던 그 사람의 이름 아니냐?"

아빠가 귓속말로 물었다.

"네. 맞아요."

유주는 고개를 끄덕이며 말했다.

시간이 꽤 흘러 진행자는 겨울 별자리인 쌍둥이자리의 신화를 끝으로 별자리 해설을 마쳤다. 잠시 후 방 안에 불빛이 들어오자 별빛들이 모두 사라졌다. 사람들은 꿈에서 막 깨어난 듯 눈을 비비며 일어났다. 곧이어 안내자의 말이 들려왔다.

"다음은 보조관측실로 이동하겠습니다. 2층으로 올라가신 후 기다려 주시기 바랍니다."

"와! 그럼 이제 진짜 별을 볼 수 있겠지?"

유주의 엄마는 동생 연주의 손을 잡고 무척 빠른 걸음으로 걸어 나갔다. 뒤에서 그 모습을 보고 있던 아빠가 말했다.

"유주야. 네 엄마가 더 신났다. 허허."
"그러게요."

보조 관측실에는 깜깜한 밤하늘이 지붕 대신 펼쳐져 있었고 여러 대의 망원경이 놓여 있었다. 바깥으로 나온 사람들은 전망대처럼 영월 시내가 한눈에 내려다보이는 야경을 만끽하기도 하고 밤하늘 속에서 무언가를 찾고 있기도 했다.
잠시 후, 보조 관측실의 안내인이 나타나 말했다.
"여기는 보조 관측실입니다. 보조 관측실에는 굴절 망원경과 반사 망원경 등 다양한 망원경이 있어서 행성, 은하, 성운, 성단, 달 표면, 태양의 흑점 등을 자세히 관찰할 수 있습니다. 그리고 여러분 뒤로는 주 관측실이 있는데요. 주 관측실에서는 어마어마한 크기의 망원경을 볼 수 있습니다. 오늘은 특별히 토성을 잘 관측할 수 있게 준비했는데요. 토성의 고리도 뚜렷이 확인하실 수 있을 겁니다. 자, 그럼 즐거운 관측 시간 되세요."
사람들은 한 줄로 길게 서서 차례대로 망원경들 사이를 돌며 북극성과 직녀성, 화성과 달 표면, 토성 등을 관측했다. 유주네 가족도 줄을 따라 망원경을 들여다보고 있을 때였다.
"엄마. 별은 왜 밤에만 나와?"

어린이를 위한 **성취**

갑자기 동생 연주가 엄마에게 큰소리로 물었다.

"음…… 그러니까, 그건 엄마도 잘 모르겠네."

엄마가 쩔쩔매자 옆에서 듣고 있었는지 안내인이 친절하게 설명해 주었다.

"별은 낮에도 하늘에 떠 있어요. 다만 햇빛에 가려져 보이지 않을 뿐이지요. 그러니까 여름철 대낮에는 겨울철 별자리가 하늘에 떠 있다고 생각하면 되지요. 보통 초저녁 8시 경에 보이는 별자리가 그 계절에 해당하는 별자리가 된답니다."

"그렇구나. 밤이나 낮이나 별들은 우리 곁에 있었는데 우리는 그것도 느끼지 못했나 봐. 마치 가족처럼. 언제나 보이지는 않지만 옆에서 서로를 지켜주는 가족 같이 말이야. 안 그래요? 여보?"

엄마가 나지막한 소리로 말했다.

별자리 캠프에서 만난 스피카님

"허허. 당신 말이야. 꼭 옛날에 내가 데이트 할 때 보던 소녀 같네?"

"후훗. 지금도 마음은 소녀예요. 뭐."

유주의 눈에는 엄마와 아빠가 갑자기 이상하게 보였다. 별자리 캠프에 와서 가장 신나 보이는 사람은 엄마와 아빠 같았다.

"엄마랑 아빠 좀 이상해졌어요."

유주가 결국 한마디 했다.

"우리가 어때서? 허허."

아빠의 말랑말랑한 웃음소리가 하늘로 울려 퍼졌다.

"그 웃음소리도 이상해요."

유주는 괜한 트집을 잡았지만 어쩐지 마음은 구름 방석에 앉은 것처럼 포근했다.

"유주야. 네 꿈에 대해 말해 주기로 한 거 기억나니?"

아빠가 갑자기 생각난 듯 물었다.

"아, 맞아요. 제 꿈은요, 우주 비행사가 되는 거예요."

"아! 그랬구나. 그래서 여기 오는 게 소원이었구나."

아빠가 고개를 끄덕이며 말했다.

"스피카님이 말했어요. 꿈만 꾸는 자는 아무 것도 안 하는 것 과 같다고요. 실천하고 노력하는 자가 진짜 꿈을 가진 사람이래

어린이를 위한 **성취**

요. 그래서 저도 우주 비행사가 되기 위해 지금부터 작은 것부터 실천하려고요."

"와, 유주 멋지네!"

아빠는 유주를 향해 엄지를 세웠다.

"유주 말을 듣고 보니 엄마도 깨달은 게 있어. 유주에게 엄마가 생각한 것만 강요한 것 같아. 유주에게는 유주만의 별빛이 있는데 말이야. 선택하고 실천하는 것도 엄마가 대신 해 주려고만 했지, 유주 스스로 선택하고 실천할 수 있도록 도와주지 못했어. 미안하다. 유주야."

엄마는 가만히 유주를 안았다. 작은 별 하나가 포근한 구름 속으로 들어가듯 유주는 엄마 품에 푸욱 안겼다.

그때, 동생 연주가 칭얼댔다.

"나도 안아줘. 엄마."

곧이어,

"나도 안아주세요. 여보."

하는 소리가 들렸다.

하하하하.

웃음소리가 하늘에 닿자 밤하늘은

양팔을 벌려 동그랗게 옹크린 유주네 가족을 부드럽게 감싸는 듯 했다.

　모든 관측 프로그램이 끝나자 가족들 중 일부는 매점에 들르거나 1층으로 내려가고 있었다. 유주네 가족이 매점에서 간식거리를 사는 동안 유주는 별자리 지도를 보고 있었는데, 난데없이 안내 방송이 들려왔다.
　"스피카님이 우주소녀님을 찾고 있습니다. 우주소녀님께서는

1층 안내 데스크로 오시기 바랍니다."

유주는 순간 가슴이 쾅쾅 뛰기 시작했다.

"스피카님이다!"

"아빠, 엄마! 스피카님이 왔어요! 저 먼저 내려 갈게요."

유주는 쏜살같이 계단을 향해 뛰어갔다.

"안 돼! 같이 가!"

아빠도 냅다 유주의 뒤를 따라 뛰었다.

유주가 숨을 헐떡이며 안내 데스크에 도착하자, 담당 직원이 활짝 웃으며 물었다.

"우주소녀님인가요?"

"네. 제가 맞는데요."

유주는 간신히 숨을 고르며 대답했다.

"저기 의자에서 기다리고 계십니다. 한 시간 전부터 기다리셨어요."

"네에?"

유주는 담당 직원이 가리키는 곳으로 고개를 돌렸다. 유주의 아빠도 막 도착했다.

"스피카님?"

유주는 눈을 크게 떠 구석진 의자에 앉아 있는 누군가를 확인하였다. 상대방도 유주를 알아본 것처럼 자리에서 일어섰다. 그런데, 이상했다. 동시에 두 사람은 서로를 알아버렸다.

"할아버지!"

"유주 아니냐?"

"아니, 아버님!"

세 사람은 영문을 몰라 어리둥절한 상태로 서 있었다. 이제 막 뒤따라온 엄마와 동생 연주도 깜짝 놀라 어쩔 바를 몰랐다.

"와! 영월 할아버지다! 그치 엄마."

"아버지, 어떻게 된 거에요?"

엄마는 더 많이 놀란 것 같았다.

"그럼, 할아버지가 스피카님이었단 말이에요?"

유주는 정신을 가다듬으며 물었다.

"그렇단다. 허! 세상에 이런 일도 다 있구나! 네가 우주소녀였다니!"

할아버지도 연신 땀을 닦으며 말했다.

"도통 무슨 소린지 알 수가 없네. 우주소녀는 또 뭐니?"

엄마가 유주에게 물었다.

"꼬마천문대 까페 회원 아이디예요. 할아버지의 아이디는 스피카, 전 우주소녀. 우연히 영월 스피카라는 아이디를 발견해서 메신저로 이야기하게 된 거였어요. 그런데 바로 우리 할아버지였어요. 정말 신기해요. 우와! 기분 너무 좋아요. 할아버지! 오늘은 너무 운이 좋은 날이에요!"

유주는 폴짝 뛰며 할아버지를 힘껏 안았다.

"할아버지가 너무 보고 싶었어요."

"그래? 그랬구나. 유주가 할아버지를 너무 많이 보고 싶어 하니까 저 위의 별들이 소원을 들어줬나 보다. 운이 좋은 사람은 성취를 위해 준비하는 사람을 결코 이길 수 없단다. 우리 유주가 잘 준비하려고 노력하니까 행운이 찾아온 게지."

"우선순위 아이스크림 덕분에도요. 별자리 캠프에 올 수 있도록 힘이 되어 줬어요."

유주의 말이 끝나자 동생 연주가 큰 소리로 자신 있게 말했다.

"나도 알아요. 할아버지. 우선순위 아이스크림은요, 가장 소중한 것이에요. 아빠랑 엄마랑 또 유주 언니랑 할아버지랑 그 다음에는 제 파란 털 토끼 파랑이에요. 근데 그 아이스크림은 언제 먹어요?"

와하하하!

연주의 말에 모두가 웃음보를 터뜨렸다.

웃음소리가 하늘로 메아리치자 아무도 느끼지 못하는 사이 하늘에는 아이스크림 별자리가 생겼을 지도 모른다. 누군가가 찾아주기를 바라면서 낮이건 밤이건 하늘에 떠 있을 아이스크림 별자리. 그 별을 찾는 건 성취하는 자의 몫이 아닐까.

성취력 향상을 위한 준비하기

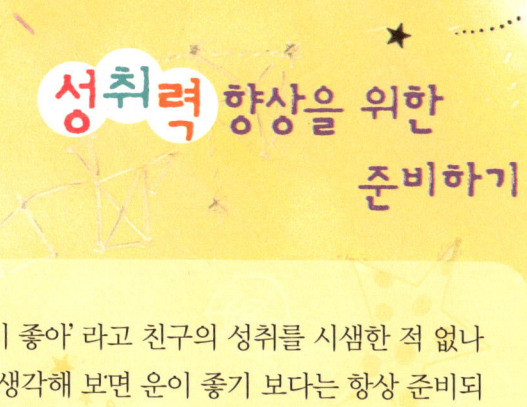

'쟤는 항상 운이 좋아' 라고 친구의 성취를 시샘한 적 없나요? 하지만 잘 생각해 보면 운이 좋기 보다는 항상 준비되어 있는 사람이 기회를 잡는 것 같지 않나요?
성취력을 향상하려면 능력이 있어야 하지요. 이런 능력은 하루아침에 이루어지지 않습니다. 매일매일의 준비가 쌓여서 하나의 성취가 이루어지는 것이지요. 여러분도 '좋은 운'을 갖기 위해 항상 준비하는 자세를 가져보세요.

1. 자신의 목표를 매일 밤 생각해 본다.
2. 목표를 이루기 위한 실천 과제를 구체적으로 적어 본다.
3. 하루하루 실천 과제를 실천해 본다.
4. 일주일이 지나면 성취 과제를 점검해 본다.
5. 다음 목표를 계획한다.

작가의 글

인생의 나무에서
성취 열매를 맺어 보세요

어느 날, 저는 동네 놀이터에 있던 한 무리의 고학년 어린이들에게 꿈이 무엇이냐고 물어보았어요.

저마다 간호사, 모델, 선생님, 수의사 등등을 열거하며 꿈을 말해주었지요. 그런데 이상한 점은 꿈을 이루기 위해 무엇을 준비해야 하는 지 아무도 모른다는 것이었어요. 모델이 되고 싶다는 한 아이는 "성형 수술을 꼭 하고 싶어요"라는 말을 해서 그만 웃음을 터뜨렸답니다.

꿈은 있는데 어떻게 성취하는지 모르는 어린이들.

학교와 학원만으로도 바쁘고 숨찬 아이들로 가득한 세상. 이러는 가운데 성취라는 말은 점점 학업 뒤에만 따라 붙는 무겁고 재미없는 꼬리말이 되어가는 것은 아닐까 하는 안타까움이 밀려옵니다.

이미 우리 주변에는 즉석이라는 말이 넘쳐나고 모든 사물이 빠르게를 외치며 속도를 내고 있지요. 지금 아이들에게는 꿈을 성취하는 과정이 꿈을 위해 깜짝 성형을 하는 것처럼 생각되는 것이 아닐까요? 마치 휴대폰으로 주문을 넣으면 퀵서비스로 배달되는 것처럼 우리의 꿈도 그렇게 우리 앞으로 찾아올까요?

성취는 부단한 노력과 끈기, 자율, 약속, 절제, 실천, 준비, 자신감 등의 덕목이 촘촘히 가지처럼 뻗어나가는 한 그루의 큰 나무와 같습니다.

필자는 이 책을 통해 어린이 여러분의 마음속에 한 그루의 성취묘목을 심어드리고자 합니다. 그 묘목이 뿌리를 내리고 힘차게 줄기를 뻗어 큰 성취 나무가 될 지는 여러분에게 달려있어요.

성취 나무에서 열매가 맺힌다면 그 열매는 우리의 약한 것을 강하게 해 줄 것입니다. 또한 나 자신을 행복하게 하고 다른 사람에게는 희망을 주지요. 상상만 해도 즐겁지 않나요?

어린이 여러분. 우리 마음속에 꿈을 위한 놀이터를 하나 만들어 봐요. 성취하는 즐거움으로 여러분의 웃음소리가 메아리치도록 말이에요.

진 서 윤 드림

어린이 자기계발동화 14
어린이를 위한 **성취**

초판 1쇄 발행 2008년 11월 21일   초판 19쇄 발행 2018년 4월 25일

글 진서윤   그림 이경희   펴낸이 연준혁

출판 5분사 분사장 윤지현
책임편집 구성희   디자인 전성연

펴낸곳 (주)위즈덤하우스 미디어그룹   출판등록 2000년 5월 23일 제13-1071호
제조국 대한민국   주소 경기도 고양시 일산동구 정발산로 43-20 센트럴프라자 6층
전화 (031)936-4000   팩스 (031)903-3891
전자우편 scola@wisdomhouse.co.kr   홈페이지 www.wisdomhouse.co.kr

ⓒ진서윤·이경희, 2008
ISBN 978-89-6086-141-1 74800
ISBN 978-89-6086-081-0 (세트)

이 책은 저작권법에 따라 보호받는 저작물이므로 무단전재와 무단복제를 금지하며,
이 책 내용의 전부 또는 일부를 이용하려면 반드시 저작권자와 (주)위즈덤하우스 미디어그룹의
동의를 받아야 합니다.
* 잘못된 책은 바꿔 드립니다.   * 이 책의 사용 연령은 8~13세입니다.

국립중앙도서관 출판예정도서목록(CIP)

어린이를 위한 성취 / 글: 진서윤 ; 그림: 이경희. -- 서울 :
위즈덤하우스 미디어그룹, 2008
   p. ;   cm. -- (어린이 자기 계발 동화 ; 14)

ISBN 978-89-6086-141-1 74800 : ₩9000
ISBN 978-89-6086-081-0(세트)

동화(이야기)

813.8-KDC4   CIP2008003423